D1856283

Ein Knie geht einsam durch die Welt

Walter Kempowski (Hrsg.)

EIN KNIE GEHT EINSAM DURCH DIE WELT

Mein liebstes Morgenstern-Gedicht

Piper
München Zürich

Redaktion: Simone Neteler

ISBN 3-492-03202-8
© R. Piper GmbH & Co. KG, München 1989
Gesetzt aus der Sabon-Antiqua
Gesamtherstellung: Clausen & Bosse, Leck
Printed in Germany

Inhalt

Anstelle eines Vorwortes

Eine alte Liebe verbindet mich mit den grotesken Gedichten von Christian Morgenstern. Mein Vater, der, ähnlich wie Professor Stein, gern den Patriarchen spielte, schätzte den skurrilen Humor des Münchners, wie er ja sowieso alles Sonderbare in sich aufnahm und reproduzierte, wenn er Gelegenheit dazu hatte: »Klare Sache und damit hopp!« Durch ihn hörte ich es morgens, mittags und abends, daß die Magd ganz wild ein Kind gestillt hat, ich lernte Nieswurzsonaten kennen und erfuhr, wie man sich als Deutscher das Zu- und Abnehmen des Mondes merken kann. Ich kriegte mit, daß auch Patriarchen lachen und Verständnis haben für Ver-rücktheiten, in die ich selbst als Kind eigne mutige Vorstöße kleidete, um von ihm akzeptiert zu werden. Die Begegnung mit Morgenstern hatte also einen doppelten pädagogischen Effekt. Und außerdem: Sie provozierte mich, den damals 13jährigen, zu einem Gedicht, in dem ich Korf zum Gewichtheber machte. Dessen Schlußzeilen trugen mir wegen des unechten Reims viel Applaus ein:

> ... und keiner wagt ihn zu stören,
> denn von seiner Kraft erzählt man sich Mären.

Das Studium der Galgenlieder ging einher mit dem Staunen über die bibliophilen Ausgaben des Cassirer Verlages: Daß sowas *geht*, unbeschnittene Seiten, luxuriös-grobes Papier, die merkwürdigsten Drucktypen – anders waren diese Bändchen als alles, was sonst im Bücherschrank meines Vaters stand. Neben dem bürgerlichen Lesefutter Spengler, Eulenberg und Cäsar Flaischlen nahmen sie sich sehr sonderbar aus.

Bald merkte ich, daß die Anhänger Palma Kunkels anders waren als die andern: In der Schule war es an der Reaktion der Mitschüler zu merken, wer zum Galgenberg gehörte.

Aus den Kratern aber steigt
Schweigen, das sie überschweigt.

Es war immer eine Minderheit, die sowas mochte. Sonderbar war die Erfahrung, daß es auch Lehrer gab, die mit uns zusammen in einem Astwurmloche saßen, Menschen, mit denen man aus Kräuterschaum Planeten hätte blasen können.

Als mein Vater dann leider für immer *entschritt*, und als die Russen kamen, war es ganz im Stile des Galgenbergs, daß ich in meinem Stübchen saß und Gedichte aus dem Gingganz kopierte. Ein Russe, der die Schubladen aufziehen wollte, um sich als Sieger zu bedienen, sah mich da sitzen und ungerührt das Gedicht vom *Knie* abschreiben, das bekanntlich immer noch einsam durch die Welt geht. Und: so wahr wie ich hier sitze: der Sowjetmensch blickte mir über die Schulter und las es mir vor:

Im Kriege ward einmal ein Mann
erschossen um und um.
Das Knie allein blieb unverletzt –
als wär's ein Heiligtum.

Vermutlich hat er nichts davon verstanden, aber daß ich während des allgemeinen Rumorens still in meinem Zimmer saß und Verse kopierte, das hat ihm imponiert. Er zog keine Schubladen auf, in denen die Taschentücher immer noch wie Bücher gestapelt lagen, und er verlangte auch keine Uhren – weder solche, die mit zwei Paar Zeigern ausgestattet sind, noch mimosisch zu bittende – er sah mir zu und wunderte sich über soviel Privatheit. Unvermittelt-nackt hatte ihn die Ehrfurcht vor dem Schönen gepackt.

Als ich dann später mit meinem Bruder in einer äußerst kalten Gitterkammer saß, ganz ohne Speck und Geige und die Daumen drehte, da repetierten wir nicht nur Geschichtszahlen und Vokabeln, da kam auch die Erinnerung an T'ang-ku-ei-i auf, an Zä-zi-li-e und an den Pudel Lorus.

> Ein Seufzer lief Schlittschuh auf nächtlichem Eis
> und träumte von Liebe und Freude...

Die beiden Zellengenossen gehörten nicht zu der Bruderschaft des Galgenberges, und sie konnten überhaupt nicht verstehen, was es bei diesen sonderbaren Gedichten, von denen wir gottlob etwa zwanzig auswendig konnten, zu lachen gab. Nur natürlich war es daher, daß mein Bruder mit einer aus Draht verfertigten Nadel und Buntfäden ein Palmströmsches Taschentuch stickte – Schlange, Stufen und Kelch – und mit dem schönen Vers versah:

> Blödem Volke unverständlich
> treiben wir des Lebens Spiel.
> Gerade das, was unabwendlich,
> fruchtet unserm Spott als Ziel.

Das Tuch lag auf unserm Zellentisch, und als eines Tages ein höherer Kalfaktor kam und uns besichtigte, sah er es liegen, las es und nickte uns zu. Auch er, der leider Schlimme, gehörte zum Galgenberg. Diesem Verrekkerle waren wir sofort sympathisch, und wir hatten es ihm zu danken, daß man uns herausholte aus der Zelle und auf einen Saal verlegte, auf dem sich dann sehr schnell Wiesel fanden, die hier zum Teil seit Jahren schon inmitten Strohgeriesel(s) saßen und die Zehlein falteten.

Zu meiner Freude habe ich dann später, als ich den Werwolf zu konjugieren gezwungen war, gesehen, daß es auch unter der Jugend Ätz-Typen gibt, die auf Nasobeme reagieren, die mir bestätigten, daß Möwen aussehen, als ob sie Emma hießen und die bereit waren, mit mir zusammen als Karpfen um eine Fontäne zu schwimmen. Wir formten aus Rauschgold einen Quell und sahen den aufgeregten Spatzen zu und vergaßen zu fragen, was es eigentlich war, das uns zusammenhielt für die kurzen Augenblicke des Hinblätterns jener Reime, die ja keineswegs des Reimes wegen geschrieben worden sind. Simone, das Henkersmädel, küßte mir zwar nicht den Schädel, aber sie war sofort bereit, mir bei der Versammlung von Morgenstern-Freunden zu helfen und eine kleine Ant-ologie zusammenzustellen, die wir hiermit vorlegen: Es lag ja nahe, mit der Tag-Nachtlampe durch die Welt zu ziehen und Menschen zu suchen, die einander warm verstehen und sie aufzurufen, sich an einer Publikation zu beteiligen, die bewiese, daß es ihn noch gibt, den Galgenhumor, auch wenn ihn nicht alle haben, leider!

Denen in unserem Volke, die dem Un-Sinn folgen im folgenden voll folgend,

Retlaw Ikswopmek und Enomis, die Norne,
die roten Zwirn knüpft, Tag um Tag.

Natrium, am 29. Mandrill des Jahres 1989

Das Butterbrotpapier

Ein Butterbrotpapier im Wald, –
da es beschneit wird, fühlt sich kalt...

In seiner Angst, wiewohl es nie
an Denken vorher irgendwie

gedacht, natürlich, als ein Ding
aus Lumpen und so weiter, fing,

aus Angst, so sagte ich, fing an
zu denken, fing, hob an, begann,

zu denken, denkt euch, was das heißt,
bekam (aus Angst, so sagt ich) – Geist,

und zwar, versteht sich, nicht bloß so
vom Himmel droben irgendwo,

vielmehr infolge einer ganz
exakt entstandnen Hirnsubstanz –

die aus Holz, Eiweiß, Mehl und Schmer,
(durch Angst) mit Überspringen der

sonst üblichen Weltalter, an
ihm Boden und Gefäß gewann –

Mit Hilfe dieser Hilfe nun
entschloß sich das Papier zum Tun, –

zum Leben, zum – gleichviel, es fing
zu gehn an – wie ein Schmetterling...

zu kriechen erst, zu fliegen drauf,
bis übers Unterholz hinauf,

dann über die Chaussee und quer
und kreuz und links und hin und her –

wie eben solch ein Tier zur Welt
(je nach dem Wind) (und sonst) sich stellt.

Doch, Freunde! werdet bleich gleich mir! –:
Ein Vogel, dick und ganz voll Gier,

erblickts (wir sind im Januar...) –
und schickt sich an, mit Haut und Haar –

und schickt sich an, mit Haar und Haut –
(wer mag da endigen!) (mir graut) –

(Bedenkt, was alles nötig war!) –
und schickt sich an, mit Haut und Haar – –

Ein Butterbrotpapier im Wald
gewinnt – aus Angst – Naturgestalt...

Genug!! Der wilde Specht verschluckt
das unersetzliche Produkt...

Peter von Becker

Was könnte wohl einer alles denken, sieht er auf einmal ein Stück Papier, Butterbrotpapier, vom Wind erfaßt einen Weg entlanggetrieben und schließlich auffliegen wie ein Vogel, ein Schmetterling oder gar wie ein leibhaftig, sozusagen butterbrotleibhaftig gewordener Gedanke?

Christian Morgenstern, der 1871 in München geborene, 1914 gestorbene Dichter der *Galgenlieder*, des *Palmström* und der Sammlung *Palma Kunkel*, der dieses Gedicht entstammt, macht uns auf eine vertrackt komische Weise darauf aufmerksam, daß zuviel Hintersinn und Tiefsinn im Alltäglichen, nicht nur angesichts eines hoch hinauswollenden Butterbrotpapiers, von Unsinn, ja: Schaden sein kann. Jedenfalls den scheinbar lebendig gewordenen Denk-Zettel frißt im Fluge am Ende ein wirklicher Vogel, der sich dabei auch was dachte, nämlich den winterlichen Hunger der Kreatur mit einem Schnapp nach dem vermeintlichen Insekt, dem januar-exotischen Schmetterling, zu stillen. Mit diesem Schluß aber sind beide die Angeschmierten. Das Butterbrotpapier, das als Papier nicht mehr geduldig war und sich plötzlich einbildete, vom Schnee befallen frieren zu müssen, sich also aus ebenfalls nur *eingebildeter* Angst von seiner äußerst papiergemäßen Tarnung – dem weißen Schnee – losmachte und so, statt ruhig zu überwintern, schnell und irrtümlich gefressen wird. Und auch der Vogel wird am Resultat seiner aus freilich einsehbareren Gründen, dem ganz wirklichen Hunger nämlich, gespeisten Einbildung zu würgen haben: kriegt er in den leeren Magen doch kein Tier, nicht mal ein Butterbrot, sondern eben nur: Papier.

Viel Wind also in Morgensterns Gedicht: um fast nichts. Dem falschen Wirbel, der falschen Einbildung gilt dabei Morgensterns Spott – und zugleich sein Mitgefühl. Das Gedichtchen ist ja so traurig wie komisch. Und gemeint ist mit dem ironischen Gleichnis natürlich die falsche Einbildung, das hochmütig übertiefsinnige Denken der Menschen. Das verdeutlichen noch zwei andere Texte derselben Sammlung: einer beschreibt, unter dem Titel *Das Grab des Hundes*, wo der sprichwörtliche Hund begraben liegt, und dort, in diesem Grab, in das Morgensterns Erzähler tiefschürfend vorwitzig schaut, erblickt er schließlich

> die Idee des Hunds,
> sah den Hund, den Hund an sich
> Drauf meint er: Reichen wir die Hände uns;
> dies ist wirklich fürchterlich.
>
> Wie sie aussah, die Idee
> Bitte, bändigt euren Mund.
> Denn ich kann nicht sagen meh,
> als daß sie aussah wie ein – Hund!

Das ist gewiß harmloser, aber ebenso treffend das gesagt, was auch im Fall vom Flug des Butterbrotpapiers man nennen könnte die Moral von dem Gedicht: eh man's zu hoch und tief gedacht, denkt lieber man es nicht. Sonst kann einem sogar das geschehen: du bildest dir überhaupt nur ein, was sich ein *anderer* einbildet. Christian Morgenstern hat in seiner 1916 veröffentlichten Gedichtsammlung *Palma Kunkel*, ein paar Seiten nach dem *Butterbrotpapier*, auch das beschrieben:

> Erschrocken staunt der Heide Schaf mich an,
> als sähs in mir den ersten Menschenmann.
> Sein Blick steckt an; wir stehen wie im Schlaf;
> mir ist, ich säh zum erstenmal ein Schaf.

Dieses Gedicht übrigens nennt Morgenstern *Geburtsakt der Philosophie*.

Der Witz der Sache, bei unserem eingangs gesprochenen Gedicht und den anderen Stücken, ist freilich: Auch der Poet Morgenstern bildet sich etwas ein; er erfindet uns ja Geschichten und Gedichte, läßt hier seiner Phantasie Lauf, hinweg über den stumpfen Tiefsinn der Welt. Er ist selbst in diesen Gedichten damit immer wieder so etwas wie ein Lebens-Philosoph. So aber hat der Geburtsakt der Philosophie noch viele weitere Sprößlinge gezeugt, darunter auch heitere, melodramatisch witzige wie den, der sich ausdenkt, ein Butterbrotpapier im Winterwald denke sich auf einmal aus ... und so weiter, siehe oben.

Es ist nun mal eine komisch vertrackte, beinahe tragikomische Geschichte, mit so viel Hintersinn über den Widersinn von so viel Hintersinn zu schreiben. Und sicher hat Christian Morgenstern, der im Grund ein sehr ernster Mensch war – wie viele große Komiker –, mit bedacht, daß es auch dem eigenen Denkzettel, dem Stück Papier nämlich, auf das der Schriftsteller sein Gedicht schreibt, in der Gesellschaft draußen oft genug so ergehen mag wie der frierenden Hülle des Butterbrotpapiers: nach kurzem Aufschwung und Höhenflug im schönen Schein wird es achtlos zerknüllt, ist plötzlich verschlungen vom Vergessen – verschlungen vielleicht auch von einem gefräßigen Tier, das in der Wirklichkeit Zerreißwolf heißt.

☆ ☆ ☆

Galgenberg

Blödem Volke unverständlich
treiben wir des Lebens Spiel.
Gerade das, was unabwendlich,
fruchtet unserm Spott als Ziel.

Magst es Kinder-Rache nennen
an des Daseins tiefem Ernst;
wirst das Leben besser kennen,
wenn du uns verstehen lernst.

Wolfgang Bittner
Zum Galgenberg

Wir leben immer noch in einer bewegten Zeit, ein Tag folgt immer noch dem anderen, und immer noch sprießt neues Leben aus den Ruinen, die es immer noch und immer wieder gibt. Unterdessen treiben wir »blödem Volke unverständlich... des Lebens Spiel«, und wenn wir es so konsequent und kompromißlos treiben, wie es spielende Kinder eben tun, spotten wir gerade über das, was unabwendbar erscheint; vielleicht aus intuitiver Einsicht in die Unzulänglichkeit und Absurdität unseres menschlichen Daseins und den sich daraus ergebenden Rachegefühlen. Wir wissen es nicht besser, können nicht anders. Wir reagieren, reagieren uns ab, wir spotten. Und der Dichter, der sich darüber Gedanken gemacht hat, spricht zum Publikum: »Wirst das Leben besser kennen, wenn du uns verstehen lernst.«

Was vorherrscht und alles überdeckt, ist Tag für Tag Fernsehen, dieser Schlagetot, und der Apparat wird nur abgeschaltet, wenn unabweisbare Pflichten es verlangen. Jedesmal sogar, wenn wir zu Besuch gehen, läuft der Fernseher. Aber worüber könnte man sich sonst unterhalten? Das Wetter ist gut oder schlecht, das Auto funktioniert oder muß repariert werden, ein familiärer Geburtstag steht bevor, jemand ist ins Krankenhaus eingeliefert worden. Vor dem Postamt soll ein Dieb einer alten Frau die Handtasche entrissen haben. In der Nachbarschaft sollen in letzter Zeit mehrere Wohnungseinbrüche vorgekommen sein; man muß sich wappnen, auf der Hut sein und sich durch Dreifachverriegelung absichern.

Im Hausflur hat jemand ein unanständiges Wort an die Wand geschmiert. Frau Kipshofen wartet hinter ihrer Tür und beschwert sich auf dem Treppenabsatz über Frau Döhn, die immer den Deckel der Mülltonne aufstehen lasse und schon wieder ihre Treppe nicht gesäubert habe. Frau Döhn hat sich beim Vermieter beschwert, daß Frau Kipshofen ihren Fernseher zu laut stelle und tagsüber die Haustür abschließe. Herr Block entrüstet sich über Fräulein Klose, weil schon mehrmals ein Neger in ihrer Wohnung übernachtet habe. Außerdem will Herr Block gehört haben, daß Fräulein Klose nicht als Lehrerin eingestellt worden sei, weil sie die kommunistische Volkszeitung lese.

Wirklich, eine bewegte Zeit! Da wir nicht permanent zu trauern vermögen, bleibt uns nur der Spott. Schlagen wir nämlich die Zeitung auf, erfahren wir von Giftgaseinsätzen im irakisch-iranischen Krieg, von totgeschossenen Menschen in Beirut und von der um sich greifenden Krankheit namens Aids. Dann wieder lesen wir, daß durch sogenannte Killeralgen, die sich durch zunehmende Wasserverschmutzung entwickelt haben, das tierische Leben im Meer bedroht sei. Wir lesen andauernd so etwas, Horrormeldungen, sie sind schon ganz alltäglich. Wie die zunehmende oder abnehmende Radioaktivität, wie die wachsende Arbeitslosigkeit, wie die steigenden Mieten. Auch die Kriminalität soll in den letzten Jahren zugenommen haben. Wessen Kriminalität, fragen wir uns.

Wer Nahrungsmittel stiehlt oder auch nur seine Meinung kundtut, wird zwar in unseren Breitengraden im mittleren Europa gegen Ende des 20. Jahrhunderts nicht mehr gehängt, aber womöglich genügt auch eine Geld- oder Freiheitsstrafe, eine Kündigung oder eine Intrige, um ihn aus dem Verkehr zu ziehen, soweit er noch daran teilnimmt. Wer hat, der hat. Und wer in großem Stil betrog und stahl und sogar meuchelte, endete – Ausnahmen bestätigen die Regel – zu keiner Zeit am Galgen.

So wurde gelebt, so leben wir. Und so spotten wir. Und ein gewisser Herr Palmström reist mit einem gewissen Herrn von Korf gewiß nicht auf den Galgenberg, von wo aus sich alles anders anschaut, sondern von einem sogenannten böhmischen Dorf zum andern. Palmström schläft jetzt nach Norden, hört manchmal im Traum den Polarfuchs bellen und überwindet so sein gelegentliches Alpdrücken. Währenddessen wartet von Korf, unter Ahnungen leidend, auf die Post. Er soll übrigens neben vielem anderen eine Lampe erfunden haben, die, sobald sie angedreht wird, selbst den hellsten Tag in Nacht verwandelt.

☆
☆ ☆

Das ästhetische Wiesel

Ein Wiesel
saß auf einem Kiesel
inmitten Bachgeriesel.

Wißt Ihr
weshalb?

Das Mondkalb
verriet es mir
im Stillen:

Das raffinier-
te Tier
tat's um des Reimes willen.

Hark Bohm

Lieber Walter,

der Christian Morgenstern, der Dichter des »weil nicht sein kann, was nicht sein darf«, ist bei meinem unbewußten Versuch, mich zwischen dem Volksempfänger (Radio) und dem schicken weißen, nein elfenbeinfarbenen Braun-Radio durchzuwursteln, der war also ein Leitstern für einen Jungen, der versuchte, sich zwischen dem Horst-Wessel-Lied und »Junge komm bald wieder« aus den ewig rauschenden Wäldern herauszuwühlen. Ist das verständlich trotz falschen Satzbaus?

Und heute imponiert er mir noch, mehr als damals. Vielleicht weil ich am eigenen Leibe spüre: Man kann es drehen und wenden, wie man will, das Leben lastet auf einem.

Das Gedicht, das mir wie eine Telefon-Nr. im Gedächtnis schlummert und das ich jederzeit zur Selbstberuhigung abrufen kann, ist das vom Wiesel inmitten Bachgeriesel.

Um zu zeigen, wie groß das Gedicht von Morgenstern ist, stelle ich mal mein kleines nachgemachtes Gedichtchen daneben:

Vor dem Morgenstern
saß ein Wiesel.
Aller Sorgen fern
hieß es Liesel.
Doch beim ersten Sonnenstrahl
kam plötzlich sein Gemahl.

Unter dieser Wonnenqual
dort auf einer Inselwiese
wurde es zur Winselliese
und starrte mit der Wiesellinse
auf eine zarte Kieselbinse.

Zu meiner Entschuldigung darf ich vortragen, daß ich auf einer Insel aufgewachsen bin. Es waren mehr die Wellen als die Wälder, die mir rauschten. Und wenn die Amrumer auch eigentlich keine Deutschen sind, sondern Amrumer (lever duad üs slav, d. h. lieber tot als Sklave), schwappte die schwarzbraune Kultursoße ja doch bis auf unseren weißen Kniep-Sand. Und da war der Morgenstern lebenswichtig. Wie hätte der kleine Junge damals sonst Kurs halten können?

Das war mein Text zu Morgenstern.

Herzliche Grüße

Hark Bohm

☆ ☆ ☆

Igel und Agel

Ein Igel saß auf einem Stein
und blies auf einem Stachel sein.
Schalmeiala, schalmeialü!
Da kam sein Feinslieb Agel
und tat ihm schnigel schnagel
zu seinen Melodein.
Schnigula schnagula
schnaguleia lü!

Das Tier verblies sein Flötenhemd...
»Wie siehst du aus so furchtbar fremd!?«
Schalmeiala, schalmeialü –.
Feins-Agel ging zum Nachbar, ach!
Den Igel aber hat der Bach
zum Weiher fortgeschwemmt.
Wigula wagula
waguleia wü
tü tü...

Ulla Hahn
Zu: Igel und Agel

Diese Geschichte ist aus dem Leben gegriffen. Und die Moral von der Geschicht'? Merke: Eine Moral kommt nie allein. Alsdann:

Erste Strophe
1.–6. Zeile: Die perfekte Idylle. Hast du was (Stacheln) und kannst du was (drauf blasen) dann bist du was (attraktiv) und kriegst auch was (Feinslieb Agel) sogar in Luxusausführung (schnigel schnagel).
Moral: Ob Mensch ob Tier ob Seufzer auf dem Teich
die Liebe machet alle gleich.

7.–8. Zeile: Der Engelein Chor.
Moral: Labende Liebe spricht
des Dudens dürre Döne nicht.

Zweite Strophe
1. Zeile: Welch eine Tragödie in fünf Worte gepreßt. Ihr Ausmaß in drei Punkte gebannt. Wo war der Warner als der Ärmste auf dem letzten Stachel blies? (Mein Verdacht: Im Nachbarhaus) Indes: Der Liebende hätte es nicht gehört. Denn:
Moral: Wo immer sie eines find':
Selbst Fettaugen machet die Liebe blind.

2. Zeile: Feinsliebchen jedoch gehen die Augen auf, über und rüber (zum Nachbarn nämlich). Hier hat Mann ihr nichts mehr zu bieten.
Moral: Ist die himmlische Liebe passé
zählt nur noch das Portemonnaie.

3. Zeile: Ein neuer Ton. Jedoch: Von unserem unglückseligen Igel kommt er nicht.
Moral: Ist das eine Glück vorbei
nähert sich die Nummer zwei.

4. Zeile: Recht so, Feins Agel! Was heißt hier »Ach«? Typische Machoperspektive!
Moral: Wozu in die Ferne schweifen
liegt der Nachbar doch so nah.

5.–6. Zeile: Reingefallen!
Moral: Ist der Lack erst ab
gehts schnell den Bach hinab
gähnend Graaab...

8.–9. Zeile: Des Baches Wiegenlied frei nach Schubert/Müller.
Moral: Keine.

10. Zeile: R. I. P.
Moral: Larom darom.

Moral von der Geschicht:

Männer die Glauben sie könnten die
Frauen
kirre machen mit klingenden Gaben
solln sich nicht wundern wenn diese
hauen
ab und auf die keinen Stachel mehr
haben!

☆ ☆ ☆

Das Hemmed

Kennst du das einsame Hemmed?
Flattertata, flattertata.

Ders trug, ist baß verdämmet!
Flattertata, flattertata.

Es knattert und rattert im Winde.
Windurudei, windurudei.

Es weint wie ein kleines Kinde.
Windurudei, windurudei.

Das ist das einsame
Hemmed.

Ludwig Harig

Trennung auf ewig

Zu Morgensterns Gedicht »Das Hemmed«

Christian Morgenstern ist in München geboren, lebte in Berlin, starb in Südtirol. Wie kam er auf die Idee, dem Hemd eine saarländische Aussprache zu geben und es Hemmed zu nennen? Hat er das Wort gehört, und es gefiel ihm? Hat er auf alt- und mittelhochdeutsche Formen zurückgegriffen? Oder hat er das Wort schlankweg erfunden, weil es ihm als das treffendste Wort erschien, ein mit schwerem Schicksal geschlagenes Ding zu bezeichnen?

Es geht um das Hemd, und bei einem Hemd geht es um viel. Ein Hemd gehört untrennbar zu dem, der es trägt. Dabei kann es so weit kommen, daß eine Katastrophe unvermeidlich ist, sobald sich jemand von seinem Hemde trennt, mit dem er sich leiblich, seelisch, geistig auf Gedeih und Verderb verbunden hat. Das Hemd ist sein Partner, sein Lebensgefährte, sein zweites Ich. Nichts ist in einer solchen Situation schlimmer, als das Hemd auszuziehen, es zu waschen, es zu wechseln. Denn wer möchte Gefahr laufen, sich seinem Hemd zu entfremden? Wer möchte ohne Hemd dastehen, mutterseelenallein? Wer möchte gar sein Hemd alleinlassen, das sich ja nicht zurechtfinden würde in einer Welt von Menschen, denen das Hemd näher ist als der Rock?

Das ist die Situation des Hemdgedichts von Morgenstern. Es ist ein Schicksalsgedicht. In ihm wird eine Katastrophe besungen, die Katastrophe der Trennung auf ewig. Einsam flattert das Hemd im Wind auf der Leine, es tropft, weil es noch vom Waschen naß ist, die Tropfen fallen wie die Tränen eines weinenden Kindes zu Boden. Es ist ein Jammer, denn der Träger des Hemdes ist gestorben.

Morgensterns Hemdgedicht wird zu den Unsinnsgedichten gerechnet. Doch was ist Sinn? Was ist Unsinn? Was ist Sinn? Was ist Widersinn? Ist es nicht so, daß dort, wo einer einen Sinn sieht, ein anderer beim besten Willen keinen entdecken kann, und umgekehrt, daß dort, wo jemand von Unsinn spricht, jemand anderes gar den tieferen Sinn findet? Und ist das Gedicht, das als sinnlos gilt, nicht sinnvoll gedeutet? Flattertata, windurudei! Morgenstern spielt nicht nur mit der Sprache, er spielt auch mit dem Sinn.

Wer sagt mir, daß das einsame Hemmed am Ende gar kein Hemd, sondern ein außerirdischer Flugkörper ist, ein meteorgleich herumirrender Luftschiff-Fetzen, wie Morgenstern selbst vermutet, ein geflügeltes Raumfahrzeug aus nichts als aus dem Stoff, aus dem die Vorstellungen geschneidert sind: aus Wörtern.

☆

☆ ☆

Die Schildkrökröte

»Ich bin eintausend Jahre alt
und werde täglich älter;
der Gotenkönig Theobald
erzog mich im Behälter.

Seitdem ist mancherlei geschehn,
doch weiß ich nichts davon;
zur Zeit, da läßt für Geld mich sehn
ein Kaufmann zu Heilbronn.

Ich kenne nicht des Todes Bild
und nicht des Sterbens Nöte:
Ich bin die Schild- ich bin die Schild-
ich bin die Schild-krö-kröte.«

Geno Hartlaub

Als mein Vater uns Kindern mit dröhnender Stimme diese Verse vorlas, hörte ich Glockenläuten. Rhythmus und Versmaß prägten sich mir eher ein als die Worte. Immerhin konnte ich auch sie bald auswendig. Im Bett vor dem Einschlafen versuchten mein Bruder und ich uns gegenseitig durch einen unheimlichen Vortrag des Gedichts Angst zu machen. Damals besaßen wir eine Schildkröte, die nur drei Füße hatte, die ganze Nacht hinkte sie im Kinderzimmer herum, mit ihrem Schild stieß sie »im Dreivierteltakt« auf den Parkettboden. Wir waren so an dies Geräusch gewöhnt, daß es uns ebensowenig beim Schlafen störte wie das Ticken und Schlagen der alten Pendeluhr auf dem Flur. Nachdem Krusa – so hieß unsere verkrüppelte Sumpfschildkröte – einmal vom Balkon aus die fünf Stockwerke unseres Hauses auf den asphaltierten Hinterhof gefallen war, ohne sich zu verletzen, hielten wir sie für unsterblich. Der Text des Gedichts reizte uns also keineswegs zum Lachen wie die Erwachsenen. Er löste aber ein Zeitgefühl aus, das bei meinem Bruder den Sinn für Historie, bei mir mehr ein mythisches oder märchenhaftes Gruseln aufweckte. »Tausend Jahre«, das bedeutete für mich schon die Ewigkeit, mein Bruder Felix dagegen stellte sofort eine Berechnung an, ob der genannte Gotenkönig wirklich vor tausend Jahren gelebt haben konnte. Als er herausbekam, daß dieser Theobald eher bereits vor zweitausend Jahren gelebt hatte (falls es ihn überhaupt gab), brach auch mein Bruder in ein Morgensternsches Gelächter aus. Er skizzierte den Behälter, in dem die Schildkröte leben mußte und malte sich aus, auf welche Weise der Gotenkönig sie wohl erzogen hatte. Gehalten oder gepflegt hielten wir beide, der elterlichen Erziehungsversuche müde, für bessere Ausdrücke; schließlich ist eine Schildkröte ja kein Papagei, dem man das Sprechen auf menschliche Weise beibringen will. Mein Bruder machte auch eine Skizze des »Kaufmanns zu Heilbronn«, dessen Lebenszeit er, nach dem Gewand zu schließen, in die Renaissance verlegte. Eine Weile unterhielten wir uns darüber, ob der Dichter das Urtier im Goten-Behälter nicht in einer neu erfundenen Schildkrötensprache hätte reden lassen sollen. Dann aber bemerkten wir staunend, daß auch die Menschensprache, die sogar in Anführungszeichen einer direkten Rede gesetzt war, sehr fremd, nicht nur komisch, sondern unheimlich wie aus grauer Saurier-Vorzeit klang. Wir kamen auf den Einfall, den Text zu komponieren und dessen archaische Melodie zweistimmig zu singen. Unsere musikalischen Bemühungen dauerten eine Weile, wir dachten nicht mehr daran, daß das Elternschlafzimmer nur durch eine Wand vom Kinderzimmer getrennt war. Mitten in unserem Urweltgesang, dessen Dirigent die verkrüppelte Schildkröte Krusa hätte sein können, kam meine Mutter im Nachtgewand ins Zimmer und ermahnte uns, endlich einzuschlafen. Dann jedoch nahm sie sich Zeit, unsere Komposition anzuhören. Sie tat uns den Gefallen, nicht zu lachen, sondern sogar Beifall zu spenden. »Das habt ihr gut gemacht«, sagte sie und verschwand im Eheschlafzimmer, um unserem Vater von unserer Schildkrötensaga zu berichten. »Nicht ganz unbegabt«, sagte er, »aber mit Morgenstern hat es wenig zu tun. Dessen Ironie können sie noch nicht verstehen.«

☆
☆ ☆

Die Brille

Korf liest gerne schnell und viel;
darum widert ihn das Spiel
all des zwölfmal unerbetnen
Ausgewalzten, Breitgetretnen.

Meistes ist in sechs bis acht
Wörtern völlig abgemacht,
und in ebensoviel Sätzen
läßt sich Bandwurmweisheit schwätzen.

Es erfindet drum sein Geist
etwas, was ihn dem entreißt:
Brillen, deren Energieen
ihm den Text – zusammenziehen!

Beispielsweise dies Gedicht
läse, so bebrillt, man – nicht!
Dreiunddreißig seinesgleichen
gäben erst – Ein – – Fragezeichen!!

Hartmut von Hentig

Bin ich wohl der richtige Leser dieses Gedichts? Ich lese gern – aber langsam und schon deshalb nicht viel. Mich widert trotzdem Unerbetenes, Ausgewalztes, Breitgetretenes. Freilich Unerkennbares stört auch. Ein einziges Fragezeichen ohne Frage – was wäre gewonnen? Wie auch immer: Ohne jene zwar schon erfundene, aber – wie die Energie aus Wasserstoff – noch nicht erhältliche Korfsche Brille ist unser Gedicht gut verständlich und desavouiert dadurch den Gegenstand seiner Werbung.

Da Schreiben – ich meine nicht nur das Aufzeichnen von Wörtern – eine notvolle Beschäftigung ist, da auch lange und leere Sätze Syntax haben müssen und da »Bandwurmweisheit« dem Autor nicht weniger als dem Leser die Mühsal des Gedächtnisses auferlegt, ist schwer verständlich, warum es jene Literatur des Ausgewalzten und Breitgetretenen gibt. Auf diese Frage lenkt mich das Gedicht. Und ich beantworte sie, durch Korf-Morgenstern angeregt, so: Das Ausgewalzte, Breitgetretene ist seinerseits die Folge einer anderen Brille – einer seit langem entwickelten und aus Rücksicht auf das menschliche Antlitz aus unsichtbarem Kunststoff gefertigt. Wir übernehmen diese Brille etwa in dem Alter, in dem wir in der Schule Aufsätze zu schreiben lernen, zu Beginn der Pubertät.

Mit ihrer Hilfe zerdehnen wir die wenigen Dinge, die wir anderen öffentlich sagen wollen – und haben Grund, solche Fülle vorzutäuschen. Sie zeigt Kommunikationsbereitschaft, Sorge um das Gemeinwohl (zumal um die guten Sitten und den guten Geschmack, um richtiges Urteil und ordentliche Bildung, um Recht und Anstand) und Reichtum der Seele an. Die Mitmenschen verlangen das, sie würden sich, was man ihnen hiervon nicht gibt, anderwärts holen – am Telefon mitten in unserer Arbeit oder zum abendlichen Billigtarif, beim Einkauf, wenn wir eilig sind, im Fahrstuhl oder im Eisenbahnabteil, wo wir wehrlos sind und unsere Ruhe haben wollen. Man stelle sich vor: Die Samstagsausgabe der F. A. Z. auf einem DIN A4-Blatt, Hegels Phänomenologie auf den Satz gebracht, das Wirkliche sei das Vernünftige, die Predigt des Herrn Pastor in der Fassung »Liebet euch! Amen« – die Menschen würden wie die Vampire übereinander herfallen und sich gegenseitig die Rede aus dem Hirn saugen. Viel Buch – viel Schutz! Auch vor dem Lesen. Und gar Bücher schreiben, hält einem die Bücher vom Leib.

Die Dehnungsbrille, wie ich sie aus Unkenntnis ihres Erfinders nenne, schafft zugleich Arbeitsplätze, verhindert die Kenntnisnahme von allem und jedem (also den heutigen Leibniz, der nur tief unglücklich sein könnte in der unrettbaren Welt) und deckt die Anspruchslosigkeit, die Denkschwäche der Menschen zu: Wie viel haben sie doch gelesen und wie wenig mußten sie davon aufnehmen!

Unser Zeitalter – weniger schamvoll als andere – gibt uns da keinen Schutz mehr. Es hat uns die Neuen Medien beschert, vor denen unsere Passivität nicht mehr zu verbergen, ja nicht mehr zu vermeiden ist. Man sitzt und sieht und sitzt und sieht. Man sieht das viele Nichts, mit dem auch jeder andere beschäftigt ist. Das wird uns zynisch machen oder moralistisch. Wir werden, wenn niemand mehr weiß, was es mit der Dehnungsbrille auf sich hat, die Korfsche Brille über diese setzen und am Ende – wie Kinder, Handwerker und Weise – was zu sagen ist, sagen, wie es ist.

☆
☆ ☆

Der heilige Pardauz

Im Inselwald ›Zum stillen Kauz‹,
da lebt der heilige Pardauz.

Du schweigst? Ist dir der Mund verklebt?
Du zweifelst, ob er wirklich lebt?

So sag ichs dir denn ungefragt:
Er lebt, auch wenn dirs mißbehagt.

Er lebt im Wald ›Zum stillen Kauz‹,
und schon sein Vater hieß Pardauz.

Dort betet er für dich, mein Kind,
weil du und andre Sünder sind.

Du weißt nicht, was du ihm verdankst, –
doch daß du nicht schon längst ertrankst,

verbranntest oder und so weiter –
das dankst du diesem Blitzableiter

der teuflischen Gewitter. Ach,
die Welt ist rund, der Mensch ist schwach.

Joachim Kaiser

Wie ein Skeptiker entwaffnet wird

Interpretation eines lyrischen Drei-Personen-Stücks

Das liest sich schnell, süffig, lustig. Acht kurze, zweizeilige Strophen. Zunächst lauter klare Hauptsätze, Aussagen, Fragen. Satzende und Verszeile fallen selbstverständlich zusammen. Gegen Schluß ändert sich das. Ein großer, überzeugender, reich informierender Satz ist über nicht weniger als drei Strophen gespannt. Danach nur noch ein allgemeiner, klagender Ausruf. »Ach, die Welt ist rund, der Mensch ist schwach« – zwei Mitteilungen, die auf den ersten Blick wenig miteinander zu tun haben, auf den zweiten aber, ach, darin übereinstimmen, daß sie unabänderlich sind.

An alledem fällt nichts Besonderes oder Mysteriöses auf. Doch wenn man die lyrische Konstellation ihres Reim-Zaubers beraubt, enthüllt sie sich als Drei-Personen-Stück. Beteiligt, dramatis personae, sind: der Autor, der angesprochene Leser und Pardauz, um dessen Bedeutung es geht. Vorgeführt wird also nichts weniger als der Fortschritt, der Prozeß einer Belehrung.

Zu Anfang scheint dieser Prozeß heiter entschieden. Man darf lächeln und tut's. Am Ende aber ist man, als lächelnder Leser, widerlegt, entwaffnet, in der falschen Selbstsicherheit zerstört – und zugleich gerettet ...

Beschreiben wir die Phasen dieser optimistischen Tragödie. Die erste Strophe legt wirklich nicht nahe, an den »heiligen« Pardauz zu glauben. Schon daß er in seinem Inselwald leben soll, der wie ein Gasthaus, wie eine beschauliche Kneipe heißt – »Zum stillen Kauz« – wirkt komisch. Nicht weniger drollig der Name des sonderbaren Heiligen: »Pardauz« – was im nordöstlichen Deutschland an jemanden erinnert, der hingefallen ist, der eine Rolle vorwärts zu machen versuchte, der sich mit Gepolter bewegte... Nur im Unterton schwingt etwas, sagen wir, Frommes mit, Kirchenväterhaftes, Patristisches. Die schwache Erinnerung an irgendeinen frommen Mann namens Pardulph. Doch diese Assoziation rumort, wenn überhaupt, bloß sehr vage in unserem Gedächtnis, heiter übertönt von der eindeutigen Bezeichnung »Kauz«, die sich lächeln machend auf Pardauz reimt.

So sind die Karten verteilt. Ein kauziger Einsiedler, ein kopfschüttelnd schweigender, moderner Leser.

Doch in der zweiten Strophe beginnt nun der Autor das Verfahren: gegen den Leser, zum höheren Ruhme des Heiligen. Wir Leser werden widerlegt, zunehmend entmachtet und sind, dies ist Morgensterns Geheimnis, zunehmend glücklich dabei. Denn wir fühlen, daß wir mit Recht widerlegt werden.

Der Autor gibt nicht nach. Er duldet nicht, daß Pardauz auch nur eine Sekunde begrinst, daß die Existenz des hinterwäldlerischen Sonderlings auch nur dem leisesten Zweifel ausgesetzt wird. Er räumt die Vorbehalte weg.

»So sag ichs dir denn ungefragt: Er lebt, auch wenn dirs mißbehagt«. Unhöflich umformuliert meint das etwa: Die Wahrheit, daß Pardauz lebt, existiert ganz unabhängig davon, ob sie dich kalt läßt, ob sie dich in deiner Weltläufigkeit stört, ob sie deine vermeintliche

Wichtigkeit erschüttert. Daß diese Wahrheit nicht nach deinem Geschmack geartet ist, dir Mißbehagen bereitet, tut überhaupt nichts zur Sache. Du nimmst dich zu ernst.

In den folgenden Strophen werden eben diese beiden – unlyrisch formuliert – *Argumentationsweisen* entfaltet. Pardauz lebt wirklich, ist nicht erst seit gestern da, »Und schon sein Vater hieß Pardauz«. Dies also das eine: die emphatische Affirmation. Dazu gehört das andere: die Entwaffnung, die Reduktion des Lesers. Du bist nichts vor ihm. Das heißt, so herb donnert's der Dichter nicht. Doch immer noch streng genug: Schmeichle dir nur nicht, hochmütiger Leser, du stündest einem solchen Heiligen als Gleichberechtigter, als kritischer Diskussionspartner gegenüber. Du bist nicht seines Ranges, »mein Kind«. Und bilde dir ja nicht ein, deine vornehm skeptische Attitüde mache etwas Gewichtiges aus dir. Du bist nichts Besonderes – sondern Sünder, wie alle Sterblichen. Nicht mal du allein. Vielmehr »du und andere«.

So ist das. Dein Stolz, dein skeptisches Nicht-Wissen-Wollen, mein Kind, verdankt sich bloßer Ahnungslosigkeit. Und damit du es auch kapierst, sei dir, gewissermaßen in deiner Sprache, deinem flotten, großstädtischen Ton ins Bewußtsein gehoben, wovor der Heilige dich bewahrte, solange du lebtest auf Erden: »doch daß du nicht schon längst ertrankst, / verbranntest oder und so weiter ...«

Endlich begriffen? Endlich vom hohen Roß gestiegen und die Knie gebeugt? Es war an der Zeit. Teuflische Gewitter drohen überall, ohne himmlischen Blitzableiter wärest du verloren. Ist Morgensterns witzige Widerlegung des hochmütigen Witzes selber nur ein Witz? Eine lyrische Metapher dafür, daß »die« Kirche des Menschen Angst ausbeutet, fromme Demut gewissermaßen nötigend erzwingt? Wenig spricht dafür. Im Gegenteil. Leicht ließe sich eine Brücke schlagen von diesem heiter-genialen *Galgenlied* zu den (ästhetisch weniger verbindlichen, aber in der »Tendenz« um so klareren) mystischen, erleuchteten Texten Morgensterns. Es ist rührend, nachdenklichmachend und gewiß nicht unangemessen, den »Heiligen Pardauz« etwa Morgensterns »Täufer«-Gedicht gegenüberzustellen.

Der Täufer

Siehe! Das ist Gottes Lamm.
Dieser wird für unsre Sünde
sterben an des Kreuzes Stamm,
daß er allen Völkern künde:
Gott nimmt ihr Gebrest auf sich.
Daß fortan die Menschheit wisse:
Träger ihrer Finsternisse
ist nicht nur ihr kleines Ich.

Haben wir unserem Pardauz einen allzu tiefen religiösen Ernst zugesprochen? Ach, den besitzt er sowieso, bedarf keiner pathetisch-förmlichen Heiligsprechung. Im »St. Expeditus«, dessen Existenz sich einem entzükkenden Mißverständnis verdankt, hat Morgenstern alle Zweideutigkeit und Eindeutigkeit heiter zusammengefaßt: »Ich allein hier hoch im Norden / fühle mich von seinem Orden... Oben aber«, um Morgenstern weiterzuparaphrasieren, »aus dem Himmel / quillt der Heiligen Gewimmel«.

☆ ☆ ☆

Walter Kempowski
Gewichtheben

Gewichtheben
Die Muskeln schwellen
und in kühn geschwung'nen Wellen
wölbt sich die Brust.
Mit wachsender Lust
hebt Korf Gewichte.
In seinem Gesichte
steht Schweiß.
Und jeder weiß:
der strengt sich an,
der tut was er kann,
und keiner wagt ihn zu stören,
denn von seiner Kraft
erzählt man sich Mären.

W. K. 1942, 13 Jahre alt

☆ ☆ ☆

Der Meilenstein

Tief im dunklen Walde steht er
und auf ihm mit schwarzer Farbe,
daß des Wandrers Geist nicht darbe:
Dreiundzwanzig Kilometer.

Seltsam ist und schier zum Lachen,
daß es diesen Text nicht gibt,
wenn es keinem Blick beliebt,
ihn durch sich zu Text zu machen.

Und noch weiter vorgestellt:
Was wohl ist er – ungesehen?
Ein uns völlig fremd Geschehen.
Erst das Auge schafft die Welt.

Paul Kersten

Fauler Zauber

Zu Christian Morgensterns »Der Meilenstein«

Schon als Kind fiel mich das an. Ein heimliches Grauen vor der sinnlosen Eigenexistenz der Dinge. Was geschieht, fragte ich mich, wenn ich nach draußen ging und die Zimmertür hinter mir geschlossen hatte, mit den Spielsachen und Büchern, die ich drinnen allein ließ? Fangen dann, sobald ich fort bin, die Zinnsoldaten an zu marschieren? Läßt der Teddybär sich vom Bett purzeln und steigt in das große Holzauto, das mit ihm losrast über die Teppichstraße bis zum Regal hinunter, wo Max und Moritz, Struwwelpeter und Hänsel und Gretel warten, um mitzufahren? Wer aber, fragte ich mich, ist bei ihnen im Raum, um die Bücher zu lesen, aus denen sie herausgesprungen sind? – »Seltsam« war es, »schier zum Lachen«, aber auch unheimlich, daß all die Lausbubengeschichten und Märchen, deren Titel in bunter und verschnörkelter Schrift auf den Buchrücken und -deckeln leuchteten, nun allein waren in der Lautlosigkeit des Zimmers. Keine Augen waren da, die sie lesen konnten, »keinem Blick beliebte es«, sie »durch sich zu Text zu machen«. »Ludwig Bechsteins Märchenbuch« und »Sindbad der Seefahrer« waren, da niemand sie aus dem Regal nahm und hineinschaute, tote Gegenstände mit sinnlosen Schriftzeichen. »Ungesehen« waren sie ein »völlig fremd Geschehen«. – Als Kind beschlich mich ein instinktives Grauen, und noch heute gehören die Augenblicke, in denen die Dinge ihre Vertrautheit verlieren und sich in eine feindselige

Fremdheit zurückziehen, zu den erschreckendsten Erfahrungsmomenten. Beklemmung und leise Panik kommen auf beim Gedanken, daß die Bäume vorm Fenster nach meinem Tod nicht aufhören werden zu rauschen, und auch das Meer wird sein monotones Brandungsgeräusch nicht einstellen. Werden die Dinge und die Erscheinungen der Natur wirklich ihr gespenstisches Eigenleben aufgeben, wenn ich sie anschaue, werden sie wieder einen »Sinn« bekommen, so wie erst der Blick des Wanderers auf den einsamen Meilenstein »tief im dunklen Wald« der Entfernungsbezeichnung »23 km« einen Sinn gibt? Was ist, diese bange Frage stellt sich, wenn all unser Denken nur das in die Dinge hineinprojizierte Phantasiepotential ist, nur ein fauler romantischer Zauber? Was, wenn die Steine, die Bäume, das Meer und die Wolken unempfänglich sind für unsere Augen, wenn die sich optimistisch gebende philosophische Maxime »Erst das Auge schafft die Welt« letztlich ein illusionärer Selbstbetrug ist, mit dem wir uns über die Grenzen unserer Welterfahrung und Erkenntnis hinwegtäuschen, hinweglügen über die Wahrheit, daß im Grunde nur das eine existiert: Das Nichts?

☆
☆ ☆

Der Traum der Magd

Am Morgen spricht die Magd ganz wild:
»Ich hab heut nacht ein Kind gestillt –

ein Kind mit einem Käs als Kopf –
und einem Horn am Hinterschopf!

Das Horn, o denkt euch, war aus Salz
und ging zu essen, und dann –«

»Halt's –

halt's Maul«, so spricht die Frau, »und geh
an deinen Dienst, Zä-zi-li-ē!«

Eckart Klessmann
Gestörtes Frühstück

Sollte da nun nicht augenblicks der Donner dreinschlagen? Zäzilie, die etwas einfältige Magd, hat einen aufregenden, ja verstörenden Traum gehabt, den sie unmöglich für sich behalten kann. Sie muß ihn ihrer Herrschaft erzählen, der sie vermutlich gerade den Frühstückskaffee in die Stube trägt.

Und wie sie da die guten Leute das Ei aufklopfen sieht – der Herr greift gerade zum Salz, die gnädige Frau schneidet sich vom guten Käse ein Stückchen ab –, da ist das Geschehen der Nacht wieder ganz plastisch vor Zäziliens inneres Auge getreten, und »ganz wild« bricht es aus ihr heraus: »Ich hab heut nacht ein Kind gestillt.«

Man bedenke bitte das absolut Ungehörige dieses Moments. Zäzilie stört nicht nur beim Frühstück (sollte sie nicht Gemüse putzen?), sondern offenbart auch äußerst Intimes. Eine unverheiratete, junge, womöglich noch jungfräuliche Magd träumt von einem Kind, das sie stillt, was ja den nicht ganz abwegigen Schluß erlaubt, sie sei ihres jungfräulichen Zustands durch einen Mann beraubt worden mit allen unerwünschten Folgen. Und das, obwohl sie nicht verheiratet ist. Was geht in ihren Träumen vor?

Sodann: Welche Monstrosität! »Ein Kind mit einem Käs als Kopf – / und einem Horn am Hinterschopf!« Diese quasi arcimboldische Konstruktion will bei einem bürgerlichen Frühstück nicht munden, auch die fatale Fortsetzung nicht: »Das Horn, o denkt euch, war aus Salz / und ging zu essen, und dann –«.

Die Vorstellung, Zäzilie lecke, gierig wie eine Ziege, am Horn aus Salz, während ein infantiler Kopf aus Käse an ihrer Brust saugt, verhöhnt das Bild gutbürgerlicher Ästhetik, auch ist »ging zu essen« nicht eben gepflegtes Deutsch. Schließlich aber redet man seine Herrschaft nicht vertraulich mit »denkt euch« an.

So wird es höchste Zeit, daß jetzt die gnädige Frau (der soeben der Appetit auf ein Stückchen Käse vergangen ist) ein gehöriges Machtwort spricht; wer weiß, welche Crudität der Magd am Ende noch als Reimwort zu »Salz« einfiele. Ein donnerndes »Halt's« fährt ihr in die wilde Rede und noch einmal, nach dem Luftholen, »halt's Maul«. Die gnädige Frau – hier wohl ein wenig zu salopp »die Frau« genannt – die Gnädige also ruft nicht, schreit oder brüllt, sie »spricht«, aber gewiß nicht ohne spürbare Erbitterung. Und um diesem Sprechen Würde zu verleihen, sagt die Gnädige nicht etwa »Hau ab und putz Gemüse«, wie unsereiner das vielleicht ausdrücken möchte. Nein, ihre Sprache nimmt den Stil eines ehrwürdigen alten Holzschnitts an: »Halt's Maul und geh an deinen Dienst.« Wie wohl tut doch ein vollmundiges, leicht altfränkisch getöntes Deutsch in solch precairer Situation.

Es gibt Menschen, die haben eine Art, unsern Vornamen so prononciert auszusprechen und seine Silben zu betonen, daß einem richtig bange werden kann. Derselbe Name, eben noch herrlich im Mund der Geliebten, erscheint auf einmal wie eine Drohgebärde: »Zä-zi-li-ē!« Wie zärtlich mag der Vater des unglücklichen Traumkindes diesen schönen Frauennamen ausgesprochen haben in einem vielleicht etwas früheren Liebestraum. Und jetzt – vier Hammerschläge. Der letzte, auf dem einsamen »ē«, dröhnt noch nach, wenn wir das Buch längst geschlossen haben und uns einfällt, daß die auf soviel Schicklichkeit bedachte Frau einer armen Magd die Geschichte und uns, den Mithörenden, die sicher herrlich aufregende Schlußpointe verdorben hat. Freilich: Für das Gedicht liegt die Pointe im groben Einwurf mit zwei unvergleichlichen Reimen; Träume zu erzählen, ist nicht unbedingt die Pflicht der Lyrik.

☆
☆ ☆

Palmström an eine Nachtigall, die ihn nicht schlafen ließ

»Möchtest du dich nicht in einen Fisch verwandeln
und gesanglich dementsprechend handeln?
da es sonst unmöglich ist,
daß mir unternachts des Schlafes Labe
blüht, die ich nun doch notwendig habe!
  Tu es, wenn du edel bist!

Deine Frau im Nest wird dich auch so bewundern,
wenn du gänzlich in der Art der Flundern
auftrittst und im Wipfel wohlig ruhst
oder, eine fliegende Makrele,
sie umflatterst, holde Philomele
  (– die du mir gewiß die Liebe tust!).«

Eckart Klessmann

Franziskanisches Herz für eine fliegende Makrele

Dem Dichter-Journalisten Matthias Claudius war ihr Gesang immerhin eine Meldung im *Wandsbecker Bothen* wert: »Gestern hat hier die Nachtigall zum erstenmal wieder geschlagen.« Für Heinrich Heine sang sie »von lauter Liebe« selig genug: »Ich hör es sogar im Traum.« Ebendas verdroß den empfindlichen Hugo Wolf, der in einem Brief klagte, das »Gebrüll dieser rasenden Bestien« mache ihn fast wahnsinnig.

Palmström, wir wissen es, ist ein zartgebildeter Mensch; er hat ein franziskanisches Herz für Tiere. Wir erinnern uns: Er fängt mittels Geigenspiel eine Maus und schenkt ihr dann im Wald die Freiheit; er gründet eine Mäntelfabrik für frierende Spatzen; er läßt sich Tierkostüme schneidern, in denen er heute als Rabe, morgen als Karpfen die Welt erfährt.

Man muß sich diese feinen biographischen Details ins Gedächtnis rufen, um so recht nachempfinden zu können, was diesem sensiblen Manne widerfährt: Eine Nachtigall läßt ihn nicht schlafen, weil nun mal dieser Vogel (*Erithacus luscinia L.*) die Angewohnheit hat zu singen, wenn rechtschaffene Vögel den Schnabel halten; und den Gesang der Nachtigall nennt man »schlagen«.

Wie wahr! Wer es nicht selber erlebt hat, darf gar nicht mitreden: Das Stimmvolumen dieses Kehlchens, wenn es sich so aus tiefster Brust vorm Schlafzimmerfenster entfaltet, das natürlich im Sommer geöffnet ist, wirkt derart, daß man es in der Tat »sogar im Traum« hört. Wie Heine so etwas schön finden konnte, ist mir ein Rätsel.

Was tut in dieser verzweifelten Situation Palmström? Er wird ja nicht fluchen wie Hugo Wolf, noch weniger kann er mit Theodor Däubler wünschen: »Millionen Nachtigallen schlagen!« – wo doch schon eine einzige zuviel ist.

Palmström vertraut dem Wort, das er in seiner liebenswert-naiven Unerschrockenheit dem Naturgesang entgegenhält. Gewohnt, heute als Rabe und morgen als Karpfen zu agieren, darf er aus eigener Erfahrung die Verwandlung in einen Fisch vorschlagen. Im Bemühen, die sensible Nachtigall nicht zu kränken, befleißigt er sich vorsichtig einer Amtssprache, der Vogel möge »gesanglich dementsprechend handeln«. Und natürlich ruft er nicht »Laß mich endlich schlafen!«, sondern verweist – halb Poet, halb Bürokrat – auf »des Schlafes Labe« (»... Labung wegen«, formuliert es Mynheer Peeperkorn), die der Bittsteller »doch notwendig habe«.

Palmströms verzweifelte Tierliebe sucht Zuflucht in der Metamorphose (schließlich war ja auch Philomele einmal eine Königstochter): Als Flunder soll die – nun stumme – Nachtigall »im Wipfel wohlig« ruhen, ja als »fliegende Makrele« die Gattin umflattern. Tat es der Dichter »um des Reimes willen«, wie er es dem Wiesel auf einem Kiesel inmitten Bachgeriesel unterstellte? Mitnichten: Palmström begeht durch den Reim eine kleine Unartigkeit, zu der wir neigen, wenn man uns nicht schlafen läßt. Der Reim degradiert die vornehme Nachtigall zu einem besonders ordinären Fisch, macht die mythologisch überhöhte Philomele zur plebejischen Makrele, was einem »reimlichen« (um mich Palmströms Nomenklatur zu bedienen) Nasenstüber gleichkommt.

Bestimmt hat die Nachtigall dem schlaflosen Palmström »die Liebe« getan. Sie wird den Vorfall mit der Gattin besprochen haben, zweifellos leicht beleidigt, aber die Bitte im Ohr: »Tu es, wenn du edel bist!« Und edel kann sich nur eine (fliegende) Makrele benehmen, die sich ihr Nachtigallenherz bewahrt hat. Das zeichnet sie vor Millionen aus, und darum landet sie nicht in der Bratpfanne, sondern fröhlich flatternd in der deutschen Lyrik.

☆
☆ ☆

Lew Kopelew

Lieber Walter Kempowski,

es war ein kleines, schöngebundenes Büchlein, ein Album mit handgeschriebenen Gedichten von Morgenstern, mit ulkigen Zeichnungen illustriert. Ich erhielt es als Geschenk zum 40. Geburtstag im Sondergefängnis Nr. 8 / 16 am Stadtrand von Moskau. Dieser Sonderknast war ein geheimes Forschungsinstitut, in dem strafgefangene Wissenschaftler, Ingenieure, Techniker arbeiteten. Meine Kameraden und Freunde, der Feinmechaniker Max Adam, der Chemiker Gerhard Klatt und der Physiker Horst Raudenbusch hatten die Morgenstern-Gedichte, die sie auswendig kannten, in das Geschenkbändchen sorgfältig niedergeschrieben.

Es war für mich eine freudige Überraschung, aber auch eine gewisse Beschämung: Die Techniker und Naturwissenschaftler haben mir, einem Germanisten, den vortrefflichen deutschen Autor erst richtig bekanntgemacht. Bis dahin wußte ich von Morgenstern recht wenig – nur das, was man aus einigen Absätzen in Büchern zur deutschsprachigen Literaturgeschichte des 20. Jahrhunderts behalten konnte, wenn man besonders an den Autoren und Werken des 18. und angehenden 19. Jahrhunderts interessiert war.

Nun aber erschienen mir die so tieftraurig-fröhlichen, genialisch-verschmitzten, absurden, die ganz und gar un- und überrealistischen Verse beinahe mystisch-bedeutsam in der absurden Wirklichkeit, die uns umgab.

Wir waren isoliert von der Welt, meine deutschen Freunde noch schlimmer als die Einheimischen – sie hatten überhaupt keine Verbindung zu ihren Angehörigen; doch wir arbeiteten mehr als fleißig: Wir forschten, erfanden, projektierten, malochten unermüdlich und wirklich selbstlos – nicht bloß, weil wir in diesem Sonderknast bessere Lebensbedingungen, besseres Essen hatten als die allermeisten unserer Schicksalsgenossen in gewöhnlichen Straflagern; viel wichtiger war die Arbeit selbst, die Freude am Lösen wissenschaftlicher und technischer Probleme, die Möglichkeit, Neues zu erkennen, aus neuen Erfahrungen, aus Büchern und von Kollegen zu lernen. Wie gut paßte dazu der »Galgenberg«:

Blödem Volke unverständlich
treiben wir des Lebens Spiel.
Gerade das, was unabwendlich,
fruchtet unserm Spott als Ziel.

Die zwie-, die vielfältige Absurdität unseres Daseins ließ den liebenswürdigen Palmström uns wirklich wahlverwandt erscheinen:

»weil ... nicht sein kann, was nicht sein darf.«

Heute ist es mir besonders angenehm, mich an diese erste »unmittelbare« Begegnung mit Morgenstern zu erinnern, auch als Anlaß, den lieben Knastbrüdern wieder einmal herzlich für die Freundschaft in schweren Zeiten zu danken: Max Adam in München und Dr. Gerhard Klatt in Duisburg, beide rüstige und lebensfrohe Rentner und – posthum – Horst Raudenbusch, von dem ich seitdem nichts mehr hörte.

Und immer noch möchte ich mit Morgenstern-Palmström glauben – trotz alledem und alledem:

> Offensichtlich wächst im ganzen Land
> menschliche Gesittung und Verstand.

Lew Kopelew

☆ ☆ ☆

Günter Kunert

Für Walter Kempowski

K. erfindet, was der Welt grad fehlte:
Eine Sammlung voll von Interpretationen
Morgensternscher Nonsensverse. Ungezählte
Deuter aller Länder, aller Zonen
führt die K'sche Sammlung stolz zusammen,
welche, ausgelesen, jedermanns Bewußtsein
weitet.
Und nur jener Ignorant bleibt zu verdammen,
welcher, ungekauft sie habend, dumm
entschreitet.

☆ ☆ ☆

Fisches Nachtgesang

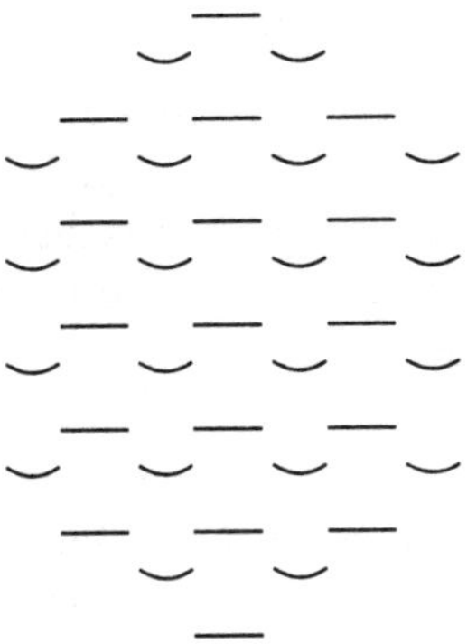

Fisches Nachtgesang: das tiefste deutsche Gedicht.

Volker Ladenthin

Zu »Fisches Nachtgesang« von Christian Morgenstern

Der Semiotik ist die Sprache nur ein Zeichensystem neben anderen. Davon spricht »Fisches Nachtgesang«. Gleich mit dem ersten Zeichen stehen wir knietief im Thema: »–«. Noch ist kein Wort gesprochen, und doch ist fast alles gesagt.

Fast – denn der zweite Vers erst erzählt, was ungesagt bleiben mußte: »U U«. Und doch bleibt auch jetzt noch ein Rest, jener nämlich, den der Dichter zu stiften hat. Im stummen Schrei des dritten Verses (»– – –«) wird laut, daß das bisher Ungesagte das Unsagbare bleiben wird; draußen bleibt es vor der Sprache, bleibt in ihr hängen. Im Sprachgitter verfangen sich Wortfische, verheddert ins Netz der Syntax. Die Reuse des Satzes läßt nichts mehr ins Sprachmeer zurück: »U U U U«. Jetzt fließt der Bewußtseinsstrom ruhig dahin, die Wogen glätten sich. Ruhe vor dem Sturm (»– – –«). Die Segel der Bedeutung sind längst gestrichen, zurück bleibt Deutung.

Doch dann die Peripetie, und nun spitzt sich alles zu. Lakonik wird zum Stil, und wie das Meer in den Gezeiten nach der Hochflut zurückweicht, verebbt das Gedicht in der Zeit. Den Abbreviaturen der Sprache entspricht die Reduktion des Sprechens. Die Wortwelle des nächtlichen Gesangs unter den Wassern läuft aus und versandet. Der Wörter See ist trockengelegt. Die, die selig im Reden, sind gestrandet.

Nun herrscht nur noch jene grellgleißend weiße

Sprachwüste, auf der wir täglich unsere Sprachinseln und -oasen zu kultivieren suchen, während unsere Zungen sich Sprechblasen laufen.

Von Karl Kraus stammt die Einsicht, daß keine Sprache schwieriger sei als die Sprache. Darum weiß des »Fisches Nachtgesang«.

Die Form des Gedichtes ist schlicht: Stäbchenreim, wie es dem Motiv des Fisches gemäß ist; der Versfuß ist Fischbein.

☆
☆ ☆

Hermann Lenz
Die Großen ihrer Zeit

Die Moleküle kommen bei mir nicht recht in Schwung, auch Palma Kunkel läßt sich nicht aus der Ruhe bringen (bei ihr kein Wunder), und was den Herrn von Korf betrifft, so will es mir scheinen, als hätte der keine Lust, mit mir ein böhmisches Dorf zu besuchen. Allerdings heiße ich auch nicht Palmström.

Dabei bin ich mir bewußt, daß Herrschaften wie Herr von Korf, Kollege Palmström oder gar Miss Kunkel beachtenswürdige Gestalten sind, denen ich gerne von Angesicht zu Angesicht begegnet wäre, ebenso wie jenen Persönlichkeiten, die seinerzeit Herr Pfarrer und Professor Dr. h. c. Eduard Mörike in Cleversulzbach und Mergentheim kennenlernte, und auf die ich mir nachfolgend hinzuweisen erlaube.

Da wäre zunächst »der Bombeaga«, ein vierschrötiger Herr aus Bamberg, zu erwähnen, von dem allerdings außer seinem Namen wenig überliefert ist. Ihm gesellt sich der Pachter Bunz zur Seite, der den König bei einer Audienz vor Ehrfurcht immer wieder mit seinen eisenbeschlagenen Schaftstiefeln umkreist, einen Kratzfuß nach dem anderen macht »und dabei den eingelegten Stubenboden ruinirt«. Nicht minder interessant ist der Barbier und süßliche Windbeutel (auch Dichter) Liebmund Maria Wispel. Er wird von seinem Bruder, dem Uchrucker, begleitet, einem ungeschlachten Burschen, der in einem Brief an Herrmann Kurz schreibt: »Dann mein aigedliches Dichten und Drachten gaeht nicht auf das Ädle sondern auf das Unädle; ungesetzliche Schwängerung deren Weibsbildern etc.« und der folgendes Sonett hinterlassen hat:

Es war in liablichen Septembers-Tagen,
Ich war gewallt zum stillen Tannen-Haine
Und saß gekauert an der höchsten Eine,
Da hielt ich meine Hosen aufgeschlagen.

Sogleich sah ich den schönsten Kegel ragen,
Schwärzlich gesprenkt, von kerngesunder Bräune,
Schlank stand er da, gleichsam auf Einem Beine:
Ich sah ihn an mit herzlichem Behagen.

O Monument verklungner Gastmahlsfreuden!
Hier liegt – in der Erinnerung noch wie labend –
Was jüngst bei Burk und Gaertnern ich gespeist!

Warm trug ich dich in meinen Eingeweiden
Noch am Lumpazivagabundus-Abend: –
Drum stinkst du auch als wie der böse Geist!

Alle diese Unverwechselbaren sind die Großen ihrer Zeit.

☆ ☆ ☆

Anmerkung:
Gärtner und Burk waren 1837 Wirte in Stuttgart. »Lumpazivagabundus« von Nestroy wurde auch in Stuttgart oft aufgeführt.

Korfs Verzauberung

Korf erfährt von einer fernen Base,
einer Zauberin,
die aus Kräuterschaum Planeten blase,
und er eilt dahin,
eilt dahin gen Odelidelase,
zu der Zauberin...

Findet wandelnd sie auf ihrer Wiese,
fragt sie, ob sie sei,
die aus Kräuterschaum Planeten bliese,
ob sie sei die Fei,
sei die Fei von Odeladelise?
Ja, sie sei die Fei!

Und sie reicht ihm willig Krug und Ähre,
und er bläst den Schaum,
und sieh da, die wunderschönste Sphäre
wölbt sich in den Raum,
wölbt sich auf, als ob's ein Weltball wäre,
nicht nur Schaum und Traum.

Und die Kugel löst sich los vom Halme,
schwebt gelind empor,
dreht sich um und mischt dem Sphärenpsalme,
mischt dem Sphärenchor
Töne, wie aus ferner Hirtenschalme,
dringen sanft hervor.

In dem Spiegel aber ihrer Runde
schaut v. Korf beglückt,
was ihm je in jeder guten Stunde
durch den Sinn gerückt:
Seine Welt erblickt mit offnem Munde
Korf entzückt.

Und er nennt die Base seine Muse,
und sieh da! sieh dort!
Es erfaßt ihn was an seiner Bluse
und entführt ihn fort,
führt ihn fort aus Odeladeluse
nach dem neuen Ort...

Adolf Muschg
Adele odel Isolde. Ein Sado-Liedele

Liebe Fachgenossinnen und -genossen, Morgensterns Gedicht hat das Zeug dazu, unsern germanistischen Scharfsinn zu reizen. Wir können Krug und Ähre, Schaum und Hirtenschalme als Märchenforscher mustern oder als Psychoanalytiker. Wir können den »neuen Ort«, zu dem Korf sich hinreißen läßt, topologisch verstehen, und die Bluse, an der er dabei gerissen wird, als Gewebe, zu deutsch: als Text behandeln und kritisieren. Die »gute Stunde«, die er gehabt haben will, ist ein gefundenes Fressen für jeden, der gelernt hat, sich auf die Zeit der Dichter etwas einzubilden. Mit der Schematisierung der Reim- und Lautfolgen wird schon der strukturalistische Anfänger leichtes Spiel haben. Wir können die Geschichte mit der Base als inzestuöse Parabel oder als narzißtische Phantasie lesen: ganz falsch ist bekanntlich nie, was wir tun. Wir können, wenn alle Stränge reißen, auch noch uns selbst in das Gedicht einbringen. Aber lassen wir uns das Wort des großen Renoir an einen Kritiker gesagt sein: Ah non, Monsieur, la peinture est plus bête que cela! Ich schlage vor: wir ducken unsern Scharfsinn ein wenig und beugen uns über die Quellen. Die Quelle dieses Gedichts aber lautet: ODELIDELASE. In ihr liegt der Schlüssel zu seinem Geheimnis.

Christian Morgenstern hat am 28. Februar 1907 in der damals noch existierenden »Wundertüte« nahe der Oktoberwiese einen Faschingsball besucht. Und dies in

Gesellschaft einer gewissen Adele Schaaf (dem Morgenstern-Kenner als »Mondschaf« geläufig), einer Kunststudentin aus Köpenick, die – trotz ihres schweren preußischen Akzents – im »Überbrettl« als Souffleuse Dienst tat. Zu ihren Eltern war Morgenstern mit einem Eselskopf auf dem Fest erschienen. Wie seine mütterliche Freundin Dr. Gundula Mueller am 2. März ihrem Mann Jeremias brieflich mitteilt, hat der Dichter die als sardische Hirtin verkleidete Adele gröblich vernachlässigt, und zwar zugunsten einer mit Seifenblasen operierenden Zauberhexe, hinter der sich Isolde Oberpichler, geborene Scheiffele, geschiedene Wannenmacher verbarg und – wie Gundula Mueller maliziös anmerkt – »eher durchsichtig verbarg«. Sie berichtet von einer schrecklichen Szene, welche die Adele der Isolde im Morgengrauen geliefert haben soll, worauf sich der empfindliche Morgenstern in eine Nische zurückzog und auf der Rückseite seiner Gasrechnung nichts Geringeres als unser Gedicht zu Papier brachte, und zwar in einem Zug.

Damit aber löst sich das Geheimnis auf, um nicht zu sagen: jetzt wird es solide. ODELIDELASE – wir brauchen dieses Zauberwort nur zu schütteln, dann springen die Namen ADELE und ISOLDE heraus. Das Anagramm nennt das Dilemma des Dichters beim Namen, und es spiegelt zugleich den Zustand seiner Verwirrung. Diese hat sich in der zweiten Strophe keineswegs gelegt, nur zu ODELADELISE verschoben und läßt zu allem Überfluß noch eine »Lise« anklingen, in der jeder Kundige die Schulfreundin Elisabeth Hufnagel wiedererkennt. Eine störende und doch passende Erinnerung! Denn auch jenes Verhältnis war schon von jenem

ODEL – lies: ODER – geprägt gewesen, mit dem ODELADELISE so hörbar einsetzt. Das ENTWEDER, das man sich dazu denken muß, war natürlich die Berufung zum Dichter. Entweder die »Galgenlieder« – oder das Glück mit Lise! Und nun also: Adele ODEL Isolde – die kleine Lautverschiebung wird man der vorgerückten Stunde zugutehalten. »Sieh da! sieh dort!« – wird sich in diesem Dilemma ein dritter Weg blicken lassen? Er läßt sich, verehrte Fachgenossen. Er lautet – in der letzten Strophe – ODELADELUSE und zeigt den Dichter, bei aller Verwirrung, auf der Höhe seiner Subtilität. ISOLDE hat sich eine Permutation zu USOLDE gefallen lassen müssen – wobei freilich offenbleibt, ob das tiefe U tatsächlich unholde Befremdung ausdrückt und nicht vielmehr den Ur- und Wehlaut endgültiger sinnlicher Verfallenheit. Anderseits bleibt ADELE zwar dem Gedicht vollständig erhalten – aber wer könnte jetzt noch in ihrem Namen das ADE überhören, das ahnungsvoll schon in der zweiten Strophe angeklungen ist? Nur: nicht der zweite, auch nicht der zehnte, erst der dreizehnte Blick auf ODELADELUSE sieht dem Zauberwort auf den Grund. Es ist das Eselskostüm des Dichters, das ihm das befreiende Stichwort eingibt. Denn ODELADELUSE will jetzt besagen: LADE DUO, ESEL! Eine vordergründig salopp-burschikose, in der Tiefenschicht des Textes aber vielleicht buchstäblich nicht tragbare Lösung des Zwiespalts. Der so Beladene mag ahnen, daß er an dem »neuen Ort«, zu dem er sich hingezogen fühlt – und wer ihn dabei an der Bluse zieht, will er schon gar nicht mehr wissen! – nichts zu lachen haben wird.

Morgenstern weiß denn auch der vertrauten Gundula Mueller in seinem großen Bekenntnisbrief vom 29. Februar von einem »hochprozentigen Katzenjammer« zu berichten. Der wirklich geneigte Leser dieses Gedichts wundert sich nicht. Er hat nämlich, wenn er nur will, noch tiefer blicken können. Der traurige Mut, ODELIDELASE nochmals und kräftiger zu schütteln, wird belohnt: das Gedicht gibt sein eigenes Genre preis: ODELIDELASE ist ein SADO-LIEDELE, nichts anderes. Und wer sich über seine dialektale Form wundert, mag der schwäbischen Herkunft der geborenen Scheiffele eingedenk sein, der Zauberhexe, die es dem Dichter gesungen hat. Der Dichter fühlt sich gequält, sein Gedicht bekommt die Qual zu fühlen, und daran hat sich der Deuter zu orientieren. Nicht mitzudichten, mitzuquälen ist er da. Qualvoll bringt er sich ein. Die einzige Linderung, auf die er hinweisen darf, liegt in der Existenz des Gedichtes als einer solchen. Es ist der leibhaft gewordne Auszug aus dem Streit eines DUOS, aus dem Widerstreit der menschlichen Dualität. Der Dichter mag mühselig und beladen bleiben; das Gedicht hat sich seinem Katzenjammer immer schon entrungen. Im Gedicht sind ADELE und ISOLDE so gut wie überwunden. Dem Deuter kann mit seiner Deutung nichts Höheres widerfahren als ein Gleiches.

Aber noch als geopferte fühlt die Deutung mit. Dies, dies allein erhebt sie über die ADELEN und ISOLDEN dieser Welt. Das höhere Elend des Dichters verzehrt das Elend der Deutung, wo sie am tiefsten ist. Ich sage nur noch: das alte, seit Sappho und der »Marienbader Elegie« geläufige Motiv der entsagenden Liebesklage tritt uns hier in seiner modernen Spielart entgegen: der männlichen Überforderung. Diesen Weg mitzugehen, sei des Deuters bescheidener Stolz. Ich erlaube mir als letztes Wort die Erinnerung – sie hat ja auch etwas Erfrischendes! –, daß in unserem Fach noch alles zu tun bleibt. Aber solange wir Arbeitsscheu mit Delikatesse verwechseln, und das Nachschlagen im Münchner Faschingskalender durch strukturalistische Spekulation und sinnlosen Methodenstreit ersetzen, wird unser Fach aus seiner Krise noch lange nicht herausfinden.

☆
☆ ☆

Palmström

Palmström steht an einem Teiche
und entfaltet groß ein rotes Taschentuch:
Auf dem Tuch ist eine Eiche
dargestellt sowie ein Mensch mit einem Buch.

Palmström wagt nicht, sich hineinzuschneuzen.
Er gehört zu jenen Käuzen,
die oft unvermittelt-nackt
Ehrfurcht vor dem Schönen packt.

Zärtlich faltet er zusammen,
was er eben erst entbreitet.
Und kein Fühlender wird ihn verdammen,
weil er ungeschneuzt entschreitet.

Henri Nannen

Lieber Walter Kempowski, *26.5.1987*
H.N./I.

Palmström steht an einem Teiche
und entfaltet groß ein Taschentuch.
Auf dem Tuch ist eine Eiche
dargestellt sowie ein Mensch mit einem Buch.
Palmström wagt nicht, sich
hineinzuschneuzen,
denn er gehört zu jenen Käuzen,
die oft unvermittelt, nackt
Ehrfurcht vor dem Schönen packt.
Und so faltet er zusammen,
was er eben erst entbreitet,
und kein Fühlender wird ihn verdammen,
wenn er ungeschneuzt entschreitet.

Das ist, lieber Walter Kempowski, das einzige, was ich meiner Sekretärin aus dem Kopf und ohne nachzuschlagen zitieren kann. Aber was Sie unter Interpretation im Sinne von Jeremias Müller verstehen, das müßte ich erst einmal nachsehen, denn meine Morgenstern-Ausgabe steht in Hamburg und an Jeremias Müller erinnere ich mich im Augenblick nicht. Vielleicht schicken Sie mir eine Fotokopie, dann will ich's versuchen.

Freundliche Grüße Ihr

Henri Nannen

Lieber Herr Kempowski, *2. Juli 1987*
H. N./I.

ein Taschentuch ist zweifellos ein Gebrauchsgegenstand, auch wenn darauf »eine Eiche und ein Mensch mit einem Buch« dargestellt sind.

Manche Leute betrachten ja auch Menschen als Gebrauchsgegenstände, indem sie sie danach beurteilen, wie nützlich sie ihnen sein können. Was mir an Morgensterns Gedicht von Palmström, der »nicht wagt, sich da hineinzuschneuzen«, so gut gefällt, ist die Behutsamkeit, mit der man weder mit Dingen noch mit Menschen so selbstverständlich umgehen sollte, wie das viele Leute tun.

Da muß man schon mal »ungeschneuzt entschreiten«, wenn man anders einer schönen Sache oder einem Menschen zu nahe tritt oder auch nur zuviel verlangt.

Freundliche Grüße Ihr

Henri Nannen

☆
☆ ☆

Der Sündfloh

Als schauerlich und grausenvoll
die Sündflut um die Berge schwoll,
kam noch im siebenten Moment
ein junger Floh herzugerennt.

Doch da das obligate Paar
von Flöhen schon im Kasten war,
so mußte Noah ihn bestimmen,
ins nasse Grab zurückzuschwimmen.

Voll Eifer gleichfalls protestierten
die beiden, die bereits logierten,
weil – riefen sie (besonders er) –
ein Dritter nicht gestattet wär.

Der Sündfloh (denn er war es) blieb,
obschon verborgen wie ein Dieb –
und zwar (trotz Jahwen in der Höhe)
vom einen der zwei beiden Flöhe.

Von welchem braucht man nicht zu sagen.
Doch ward hierdurch seit Vorzeittagen
das Dreieck, von dem Ibsen schreibt,
der Neuzeit wieder einverleibt.

Simone Neteler
Der »Bogart«-Floh

Ich stelle mir vor den sündigen Floh, der – nach ihm die »Sündflut« – im langen Trenchcoat mit aufgestelltem Kragen, den breitkrempigen Hut tief ins Gesicht gezogen, kurz, der wie Humphrey Bogart, mehr eilend als schleichend versucht, die rettende Arche noch zu erreichen. Und tatsächlich, endlich liegt sie vor ihm, das Holz noch nach Leben duftend, frisch gezimmert für die große Fahrt. Doch ehe der Floh seinen Fuß auf die Planken setzen kann, erschallt ein donnerndes: »Halt!«

Der Floh blickt wohl langsam auf; seine Augen wandern in das bauchige Dunkel des Schiffes, und dann zu dem »obligaten Paar« Flöhe. Sein Blick beißt sich fest... an ihr. »Solch' ein Weib«, mag er im geheimen denken, »das sieht man nicht alle Tage!« Sich der typischen weiblichen List und Lust am Verbotenen erinnernd sowie sich seiner eigenen gefährlichen Situation bewußt, starrt er sie an: »Schau' mir in die Augen, Kleines!«, und sie, das weiß in diesem Augenblick jedermann, ist zu jeder Schandtat bereit. Da nützt es dem übriggebliebenen Er wenig zu protestieren, die »Bogart-Masche« zieht in jedem Fall!

Moral: Hätte Noah damals besser aufgepaßt, dann gäbe es heute »das Dreieck von dem Ibsen schreibt« ganz gewiß in anderer Form...

☆ ☆ ☆

Eugen Oker

Einer Sumpfdotterblume
zum Ruhme
machte ein Vergißmeinnicht
ein Gedicht.
Es reimte Dumpf
auf Sumpf,
Schotter
auf Dotter
und Muhme auf Blume,
worauf alle Bekannten
die Sumpfdotterblume
Dumpfschottermuhme
nannten.

In Salzgitter
wurde das Schmalz bitter,
weil ein durchreisender König
zwei Zentner Arsenik
(zwar mit Mühe)
an sämtliche Kühe
verfütterte,
womit der hohe Fütterer
die Salzgitterer
verbitterte.

Ein Gaul
war faul.
Er rannte nicht.
Er kannte nicht
Daglfing.
Er ging.

Daglfing ist die Trabrennbahn Münchens

Als Teilchen
der Natur
blühte ein Veilchen
ein Weilchen
nur.

Ein Albatros,
den Herzog Alba schoß,
wurde ausgestopft.
Klopft
man an ihn,
ziehn
geisterhafte Schwärme von Albatrossen
auf schwarzen Rossen
durch das Schloß
des Herzogs Alba,
der seinerzeit den Albatros
schoß.

Eine Kasserolle,
eine volle,
wollte,
daß man sie rollte.
Doch niemand rollte sie.
Da grollte sie.

☆
☆ ☆

Das Gebet

Die Rehlein beten zur Nacht,
hab acht!

Halb neun!

Halb zehn!

Halb elf!
Halb zwölf!
Zwölf!

Die Rehlein beten zur Nacht,
hab acht!
Sie falten die kleinen Zehlein,
die Rehlein.

Oskar Pastior

Berlin, 12. April 87

Lieber Walter Kempowski,

heut ging mir die Exegese der Rehlein glatt von der Hand an die Schreibmaschine, und so kann ich sie Ihnen auch gleich mit den besten Ostergrüßen verbunden schicken!
Herzlich,
Ihr Oskar Pastior

Zu Christian Morgensterns Gedicht »Das Gebet«

Das Geh-Beet im Titel lädt zur Steigerung ein: seliger denn Neh-Met; Rehlein sind also seligere Tierlein, denn sie haben zur Steigerung befähigte ABC-lein in ihren Seelein. Das gibt den Grundton.

Wir Leserlein sind von vornherein zum weniger ABC-leinsein denn die Rehlein in ihren Seelein verdammt. Diese Einsamkeit wird auch noch vorgeführt. Denn wie sollen die Äuglein der Leserlein sich steigern?

Erklettern sie das Leiterlein der Strophen? Nein, sie steigen es hinab, von oben nach unten. So will es das vermaledeite Lesegewohnheitlein der eindirektionalen Äuglein.

Währenddessen aber, und das ist seltsam, steigen die vereinten Rehlein mühlos die Zeichenleiter hoch: ihren Zehlein steht das Zeitächslein einfach seliger zu Gebot. Sie brauchen halt nicht zu lesen.

Will das Leserlein da mithalten, muß es mit geschlossenen Äugelein sich von Halbton zu Halbton auf- und abtasten; jederzeit absturzbereit.

Das Gedicht veranschaulicht die Wende bzw. das Wendelein von der Oktave zur Zwölftonmusik, läutet also historisch was ein. Weil das sehr leise vor sich geht, sind die Rehlein insgesamt inzwischen Halbleiter in einem weltweiten Relais. Ihre Zehlein werden zu Chipplein geschweißt, und zwar im Nippon beim äußersten Morgensternlein.

Dem Gehirnrindlein gehn die Läpplein über – habt acht!

☆
☆ ☆

Die unmögliche Tatsache

Palmström, etwas schon an Jahren,
wird an einer Straßenbeuge
und von einem Kraftfahrzeuge
überfahren.

»Wie war« (spricht er, sich erhebend
und entschlossen weiterlebend)
»möglich, wie dies Unglück, ja –:
daß es überhaupt geschah?

Ist die Staatskunst anzuklagen
in bezug auf Kraftfahrwagen?
Gab die Polizeivorschrift
hier dem Fahrer freie Trift?

Oder war vielmehr verboten,
hier Lebendige zu Toten
umzuwandeln, – kurz und schlicht:
Durfte hier der Kutscher nicht –?«

Eingehüllt in feuchte Tücher,
prüft er die Gesetzesbücher
und ist alsobald im klaren:
Wagen durften dort nicht fahren!

Und er kommt zu dem Ergebnis:
»Nur ein Traum war das Erlebnis.
Weil«, so schließt er messerscharf,
»nicht sein *kann*, was nicht sein *darf*.«

Jo Pestum
Die endgültige Wahrheit über Palmströms Unfall

Wollten wir Palmströms Unfallbericht philologisch untersuchen und nach den Gesetzen der Logik abklopfen, träten wir – wie all jene, die dies törichterweise noch und noch versucht haben – wie alberne Golche und Flubis veitstanzend auf der Stelle. Eine peinliche Vorstellung! Und im Dunstkreis von Morgenstern das Wort Satire überhaupt nur zu denken: das wäre bereits platt. Seine Sottisen auf die preußische Beamtenmentalität sind derart hinlänglich bekannt, daß man durchaus von abgelutscht reden kann. Daß in einem solchen Staat nicht sein *kann*, was nicht sein *darf*: das braucht doch, weißderteufel, nicht eigens erwähnt zu werden! Morgenstern also als reimender Lieferant von humorigen Platitüden? Alberne Kritik an Polizeivorschriften?

Gemach! Mutmaßlich werden wir hier mit einem Fall von Dreifachbödigkeit konfrontiert. Es ist nur scheinbar mit temporärer Schlampigkeit des Dichters zu erklären, wenn wir in dieser Darstellung des Verkehrsunfalls, in den Palmström angeblich verwickelt oder dessen Opfer er gar war, mit einer Flut von Ungenauigkeiten irregeführt werden. Nein, das hat Methode! Hier findet Verschleierung statt. Tatsachen werden unterschlagen oder gefälscht. Offensichtlich hat man etwas zu vertuschen. Ja, wir können getrost von einem Komplott sprechen. Wenden wir also die Mittel der Kriminologie an, wenn wir Licht in das Dunkel dieses Un-Falles bringen wollen. Setzen wir vor allem voraus: Mag Palmström bei jenem gesprenkelten Pflaster bona fide gehandelt haben, als er damals unnötigerweise seinen Schirm aufspannte – geschenkt! Bei den Aussagen und angeblichen Prüfungen der Gesetzesbücher tat er es nicht, sondern handelte eindeutig mala fide.

Stichwort Komplott. Selbstverständlich gehören zu einem Komplott verschiedene Personen. Sehen wir einmal ab von Christian Morgenstern, der ja in diesem Fall Behörden und Leser gleichermaßen zu verdummdeubeln versucht. Lassen wir zunächst auch einmal Palmström außen vor, der ja das Recht hat, selbstbelastende Aussagen zu verweigern, und der wohl eindeutig das Opfer einer Morgensternschen Intrige ist. (Wollte Morgenstern sich auf Palmströms Kosten profilieren? Sollte Palmström für ihn den Underdog mimen?)

Da bleiben uns aber noch die anderen, die zumindest Ohrenzeugen des Unfalls waren oder anschließend authentisch unterrichtet wurden. Warum schwieg sich das sonst so mitteilungsbedürftige Ehepaar Dr. Gundula und Dr. Jeremias Mueller derart hartnäckig aus? Gibt das nicht zu denken? Klar, von Korf und Palma Kunkel haben wir nichts anderes erwartet als trotzige Komplizenschaft. (Mit wem? Gegen wen?) Wie dem auch sei! Auf der Hand liegt, daß ein Komplott des Verschweigens, Vertuschens und Tatsachenverdrehens stattfand.

Überprüfen wir die Fakten! Was soll das heißen, daß Palmström »etwas schon an Jahren« war? Der Tag des Unfalls war exakt sein dreiundneunzigster Geburtstag! Warum müssen wir das selber erst herausfinden? Und was heißt »Straßenbeuge«? Warum wird verschwiegen, daß sich die Szene in der Auguste-Viktoria-Straße abspielte, wie Dr. Jeremias Mueller es anläßlich einer Beerdigung beim anschließenden Umtrunk unvorsichtigerweise vor Zeugen ausplauderte? Ganz einfach! Weil die Auguste-Viktoria-Straße keine Beuge oder Biegung oder Kurve oder Kreuzung oder dergleichen aufweist, sondern schnurgerade in Ost-West-Richtung verläuft. Morgenstern kann uns doch nicht einreden wollen, er habe das mit dem Wort *Beuge* nur um des Reimes willen getan.

Ein Bluff auch die sentimentale Beschreibung des maladen Palmström. »Eingehüllt in feuchte Tücher«: kein Wort ist wahr! Wenn sich jemand schon vor mir die Mühe gemacht hätte, die Akten der Unfallstation einzusehen, dann wüßte alle Welt, daß der behandelnde Arzt lediglich ein etwa fünf Zentimeter langes Stück Traumaplast auf die Stirn geklebt hat, damit er Palmström eine Rechnung schicken konnte. Und daß Palmström, der ein Gesetzesbuch nicht einmal mit der Zange angefaßt hätte, ausgerechnet über Staats*kunst* nachgedacht haben soll: das glaubt doch kein Hutmacher.

Der dickste Hammer aber ist dies: Die Fragen, ob die Polizeivorschrift dem Fahrer freie Trift gab, ob der Fahrer – was auch immer – *durfte*, ob da etwas nicht sein *kann*, weil es nicht sein *darf*, also, diese Fragen stellten sich überhaupt nicht! Morgensterns gestörtes Verhältnis zu Polizeivorschriften und behördlichen Anordnungen darf uns in diesem Fall nicht den Blick verstellen. Denn hier *darf* nicht sein, was nicht sein *kann*. Wer die Auguste-Viktoria-Straße kennt, der weiß, daß dieses Gäßchen entschieden zu schmal ist, um auch nur dem allerkleinsten Kraftfahrwagen »freie Trift« zu bieten!

Wir müssen der Wahrheit tapfer ins Auge sehen. Der

Arzt, ein gewisser Prof. Stein, diagnostizierte bei dem desolaten Palmström nämlich außer dem kleinen Riß in der Stirnhaut noch ein ausgewachsenes Delirium tremens und maß Werte von 3,2 Promille. Und weil Morgenstern, der zu diesem Zeitpunkt wegen der Härtegrade seiner Leber bereits trocken leben mußte, dem Geburtstagskind Palmström den schönen Vollrausch neidete, gab er ihn in dem genannten Gedicht aus Rache der Lächerlichkeit preis. Kein schöner Zug von Morgenstern! In Wirklichkeit nämlich war Palmström bloß gegen den Briefkasten gelaufen.

☆
☆ ☆

Km 21

Ein Rabe saß auf einem Meilenstein
und rief Ka-em-zwei-ein, Ka-em-zwei-ein...

Der Werhund lief vorbei, im Maul ein Bein,
der Rabe rief Ka-em-zwei-ein, zwei-ein.

Vorüber zottelte das Zapfenschwein,
der Rabe rief und rief Ka-em-zwei-ein.

»Er ist besessen!« – kam man überein.
»Man führe ihn hinweg von diesem Stein!«

Zwei Hasen brachten ihn zum Kräuterdachs.
Sein Hirn war ganz verstört und weich wie Wachs.

Noch sterbend rief er (denn er starb dort) sein
Ka-em-zwei-ein, Ka-em, Ka-em-zwei-ein.

Der Gaul

Es läutet beim Professor Stein.
Die Köchin rupft die Hühner.
Die Minna geht: Wer kann das sein? –
  Ein Gaul steht vor der Türe.

Die Minna wirft die Türe zu.
Die Köchin kommt: Was gibts denn?
Das Fräulein kommt im Morgenschuh.
  Es kommt die ganze Familie.

»Ich bin, verzeihn Sie«, spricht der Gaul,
»der Gaul vom Tischler Bartels.
Ich brachte Ihnen dazumaul
die Tür- und Fensterrahmen!«

Die vierzehn Leute samt dem Mops,
sie stehn, als ob sie träumten.
Das kleinste Kind tut einen Hops,
die andern stehn wie Bäume.

Der Gaul, da keiner ihn versteht,
schnalzt bloß mal mit der Zunge,
dann kehrt er still sich ab und geht
die Treppe wieder hinunter.

Die dreizehn schaun auf ihren Herrn,
ob er nicht sprechen möchte.
»Das war«, spricht der Professor Stein,
»ein unerhörtes Erlebnis!« …

Das Huhn

In der Bahnhofhalle, nicht für es gebaut,
geht ein Huhn
hin und her …
Wo, wo ist der Herr Stationsvorsteh'r?
Wird dem Huhn
man nichts tun?
Hoffen wir es! Sagen wir es laut:
daß ihm unsre Sympathie gehört,
selbst an dieser Stätte, wo es – ›stört‹!

Will Quadflieg

Sehr geehrte Frau Neteler!

Bei der gewaltigen Auswahl möchte ich drei Stücke auswählen, die mit Tieren zu tun haben.

1. *Km 21*

   Der Rabe liest auf dem Kilometerstein 21 die Bezeichnung: Km 21 – kann sie nicht verstehen – und wird darüber wahnsinnig. Den Phänomenen unserer Zivilisation sind die Tiere nicht gewachsen und werden bei leidlicher Sensibilität: wahnsinnig. –

2. *Das Huhn*

   Im Gegensatz zu diesem Raben geht das Huhn in der Bahnhofshalle ruhig hin und her – unberührt (anscheinend) von der Umgebung – und anscheinend nicht irritiert und nicht irritierbar.

3. *Der Gaul*

   Dies ist mein Entzücken von jeher. Die ersten Verse werden noch (erste und dritte Zeile) gereimt; doch dann löst jeder Reimansatz sich völlig auf – und im letzten Vierzeiler ist die Ratlosigkeit der Familie so groß, daß diese in völlig ungereimter Formlosigkeit ihren Ausdruck findet. Als ich den »Gaul« vor 40 Jahren zum ersten Mal las, war ich einigermaßen

ratlos, – daher folgendes *sehr* frei nach
Morgenstern:

Palmström findet
eine Art von Witzen,
die erst viele *Jahre* später wirken.

Jeder hört sie an mit langer Weile.
Doch als hätt' ein Zunder still geglommen
wird man nach Jahrzehnten plötzlich wach,
selig lächelnd wie ein satter Säugling.

Sehr geehrte Frau Neteler!

Wenn ein Gott Ihnen bei der Entzifferung meiner Schrift hilft (auf Tournee ohne Schreibhilfe!) und Sie es brauchbar finden, bitte sehr!
Herzliche Grüße
Ihr
Will Quadflieg

P.S. Grüße an Herrn Kempowski.

☆ ☆ ☆

Die Probe

Zu einem seltsamen Versuch
erstand ich mir ein Nadelbuch.

Und zu dem Buch ein altes zwar,
doch äußerst kühnes Dromedar.

Ein Reicher auch daneben stand,
zween Säcke Gold in jeder Hand.

Der Reiche ging alsdann herfür
und klopfte an die Himmelstür.

Drauf Petrus sprach: »Geschrieben steht,
daß ein Kamel weit eher geht

durchs Nadelöhr als du, du Heid,
durch diese Türe groß und breit!«

Ich, glaubend fest an Gottes Wort,
ermunterte das Tier sofort,

ihm zeigend hinterm Nadelöhr
ein Zuckerhörnchen als Douceur.

Und in der Tat! Das Vieh ging durch,
obzwar sich quetschend wie ein Lurch!

Der Reiche aber sah ganz stier
und sagte nichts als: »Wehe mir!«

Johannes Rau

Sehr geehrte Frau Neteler,

vielen Dank für Ihren Brief vom 18. Januar.

Mit Recht haben Sie mich darauf hingewiesen, daß ich im vergangenen Sommer Herrn Kempowski einen Beitrag für die geplante Morgenstern-Anthologie versprochen habe.

Wegen meiner nicht geringen und mir nur wenige Stunden der »Kontemplation« gewährenden Verpflichtungen hat sich die Erfüllung dieser damaligen Zusage etwas verzögert.

Ich hoffe aber, daß ich mit einer kurzen Gedankenskizze zu dem Gedicht »Die Probe«, die ich hier beifüge, die Zustimmung des Herausgebers und ein wenig auch Ihren Beifall finde. Wie sich dem Leser dann später der Politiker neben mutmaßlich eher kompetenten Schriftstellern oder gar Philologen darstellen wird – der Herausgeber mag es noch in diesem Stadium bedenken!

Wie dem auch sei, ich wünsche Ihnen, Herrn Kempowski und der im Wachsen befindlichen Anthologie viele interessierte Leser und bleibe mit freundlichen Grüßen

Johannes Rau

Anlage: Ein Gedicht von Christian Morgenstern, eine »Gedankenskizze«

Als ich beim Wiederlesen mancher Gedichte von Christian Morgenstern »Die Probe« überdachte, habe ich mich unwillkürlich gefragt, was den schelmischen Menschenfreund und seriösen Spaßvogel wohl mehr gereizt haben mag: die Freude am Einfallsreichtum Jesu, der sich auch einmal des Absurden bedient, oder das »Sprechspiel«, das sich auf eine sehr genaue Beobachtung stützt. Das ist nämlich Morgensterns »Einsicht«, daß in dem Vergleich keineswegs behauptet wird, ein Kamel ginge nicht durchs Nadelöhr, sondern durch Verwendung der komparativen Form eben solche Möglichkeit logisch nicht grundsätzlich ausgeschlossen wird.

Vielleicht muß auch noch eine biographische Assoziation in Betracht gezogen werden: Morgenstern, der oft in Geldnot und auf fremde Hilfe angewiesen war, hat auf diese Weise wohl »die Reichen«, zu denen er nicht gehörte, in besonderer Weise ins Auge gefaßt.

Der uns aus der Bibel vertraute berühmte Vergleich ist, wie ich denke, nur der äußerste von mehreren Ansätzen, den Ungläubigen die Problematik des Reichtums deutlich zu machen. Wer wüßte denn nicht, damals wie heute, daß sie einfach nicht hören wollen, wenn ihnen gesagt wird: »Sammelt nicht Schätze hier auf Erden, wo Motte und Wurm sie zerstören und wo Diebe einbrechen und sie stehlen« (Matth. 6,19). Morgenstern wird auch bedacht haben, daß sie sich keineswegs in die Rolle des armen Lazarus (Luk. 16,19ff.) versetzt sehen wollen. In diesem Punkte zeigten sie sich für ihn hartnäckig und stur, so daß notabene stärkeres Geschütz aufgefahren werden mußte: »Nochmals sage ich Euch...«. So griff er also, sehr anschaulich und in Versform, zu scharfer Munition. Und er tat es mit List!

Er nimmt sich den Reichen, ja den Reichtum schlechthin zur Brust, verpaßt ihnen, gewissermaßen als allerletzten Versuch, den Schock ihres Lebens. Einen heilsamen? Sporadisch mögen solche Heilungen vorgekommen sein, generell lebt und gedeiht die entscheidende Wirtschaftsform auf diesem Globus vom Gegenteil, so daß Petrus wohl mit hektographierten Abweisungsbescheiden arbeiten muß. Halten wir uns den Bestechungsfall Faust contra Gretchen vor Augen, dann war Morgenstern und ist uns doch durchaus klar: »Am Golde hängt, zum Golde drängt doch alles...«

Dennoch wollen wir dem Autor und Erfinder des hier beschriebenen seltsamen Versuchs danken, daß er ein geeignetes Exemplar dieser Wüstentiere, die im Alter an Umfang zu verlieren scheinen, so trefflich stimuliert hat, daß dieses abschließende »Wehe mir« des reichen Mannes vor der Himmelstür uns sehr zufrieden macht. Auch mögen wir erkennen, daß die eine Gier die andere richtig »ausgetrickst« hat.

Nach Morgensterns gelungenem Experiment wollen wir die Reichen noch neidloser als vordem betrachten, denn ihre Chancen zum Einzug in das Himmelreich sind mit Morgensterns und des Dromedars Hilfe nun gleich Null!

☆
☆ ☆

Galgenbruders Lied
an Sophie, die Henkersmaid

Sophie, mein Henkersmädel,
komm, küsse mir den Schädel!
Zwar ist mein Mund
ein schwarzer Schlund –
doch du bist gut und edel!

Sophie, mein Henkersmädel,
komm, streichle mir den Schädel!
Zwar ist mein Haupt
des Haars beraubt –
doch du bist gut und edel!

Sophie, mein Henkersmädel,
komm, schau mir in den Schädel!
Die Augen zwar,
sie fraß der Aar –
doch du bist gut und edel!

Karl Riha

Galgenbruders Lied an Sophie, die Henkersmaid

In der Eingangsstrophe des *Bundeslieds* der »Galgen-« bzw. »Galgenbergbrüder«, das bei deren Versammlungen in »ritueller« Funktion zelebriert wurde, heißt es:

O schauerliche Lebenswirrn,
Wir hängen hier am roten Zwirn!
Die Unke unkt, die Spinne spinnt,
Und schiefe Scheitel kämmt der Wind.

Auch *Galgenbruders Lied an Sophie, die Henkersmaid* ist einem Gehenkten, einem Aufgeknüpften in den Mund gelegt, nun aber in einem sehr viel direkteren – nicht mehr metaphorischen, sondern überdreht realistischen – Sinn:

Sophie, mein Henkersmädel!
komm, küsse mir den Schädel!
Zwar ist mein Mund
ein schwarzer Schlund –
doch du bist gut und edel!

Sophie, mein Henkersmädel,
komm, streichle mir den Schädel!
Zwar ist mein Haupt
des Haars beraubt –
doch du bist gut und edel!

Sophie, mein Henkersmädel,
komm, schau mir in den Schädel!
die Augen zwar,
sie fraß der Aar –
doch du bist gut und edel!

Aus Gespenster-, Grusel- und Schauermotiven wird hier eine makabre Szene beschworen: Wir tauchen in den schwarzen Humor. Eine Zeile aber wie »Und schiefe Scheitel kämmt der Wind« nimmt kurz nach der Jahrhundertwende bereits die innere Gestik der expressionistischen Lyrik eines Georg Heym oder Alfred Lichtenstein vorweg. Die paradoxen Gegenüberstellungen von »komm, küsse« – »mein Mund/ein schwarzer Schlund«, »komm, streichle« – »mein Haupt/des Haars beraubt« und »komm, schau« – »Die Augen zwar,/sie fraß der Aar« steigern den an sich schon bizarren Vorwurf einer singenden Galgenleiche ins Groteske; der dreimal wiederholte Strophenschluß »doch du bist gut und edel« klingt parodistisch an Goethes »Edel sei der Mensch,/Hilfreich und gut« an.

Seinen *Galgenliedern* hat Christian Morgenstern das Prosastück mit dem Titel *Wie die Galgenlieder entstanden* vorangestellt; darin erzählt er die Parabel von den »acht lustigen Königen«, unter denen der zweite konstatiert, die Welt sei ohne Salz, und der sechste den Pfeffer in die Debatte wirft; der fünfte aber fragt: »Wer weiß das Neue?«

> »Ich!« rief der siebente. »Wie nennst du's?« fragte der erste. »Das Unterirdische«, erwiderte der siebente, »das Links, das Rechts, das Dazwischen, das Nächtliche, die Quadrate des Unsinnlichen

> über den drei Seiten des Sinnlichen.« »Und der Weg dazu?« fragte der achte. »Das einarmige Kreuz ohne Kopf mit der Basis über dem Winkel«, sagte der siebente. »Also der Galgen!« sagte der vierte. »Esto«, sprach der dritte. Und alle wiederholten: »Esto«, das heißt »Jawohl«.
>
> Und die acht lustigen Könige rafften ihre Gewänder und ließen sich von ihren Narren hängen.

Den Narren aber verschlingt »alsogleich der Geist der Vergessenheit«. – Im Anschluß an diese Parabel entwirft Morgenstern seine Galgenphilosophie, die eigentlich eine Poetologie ist: eine Konzeption von Dichtung jenseits der bekannten realistischen, naturalistischen und symbolistischen Programmatik des ausgehenden neunzehnten Jahrhunderts, ein innovativ auf den Expressionismus und – entschiedener noch – auf die Dada-Bewegung hinzielender Ansatz zur deutschen Literatur-Moderne. Die Kernsätze dieser Galgenphilosophie lauten:

> Betrachten wir den »Galgenberg« als ein Lugaus der Phantasie ins Rings (...). Die Galgenpoesie ist ein Stück Weltanschauung (...). Nun wohl: Ein Galgenbruder ist eine beneidenswerte Zwischenstufe zwischen Mensch und Universum. Nichts weiter. Man sieht vom Galgenberg die Welt anders an, und man sieht andere Dinge als Andre.

Ich erinnere an Paul Scheerbart, der zeitlich parallel in seinem *Münchhausen*-Roman von 1906 forderte: »Neues schaffen!« Das gelingt, wenn man die »vorhandenen Naturbilder zerlegt und mit den zerlegten Stükken neue – ganz neue – Bilder« produziert. Zu diesem Zweck schritt er über den Entwurf fremder Welten jenseits der bekannten zu einer neuen, bildenthemmten Sprache vor, die angefüllt ist mit phantastisch-collagierten Beschreibungen und surreal-surrealistischen Interieurs. Morgensterns Quadratur des »Unsinnlichen über den drei Seiten des Sinnlichen« und sein »Blick vom Galgenberg herunter«, der die Augen für das Unbekannte öffnet, korrelieren hier unmittelbar.

Aber stärker noch als Scheerbart entwickelt Morgenstern das Phantastische ganz aus der Erfindungskraft der Sprache selbst heraus. Das Logizistische des Verfahrens, auf das die pythagoräische Formel hinzuweisen scheint, kombiniert sich dabei – ohne Bruch – mit der Gestaltungskraft der Kinderphantasie; darauf zielt das den *Galgenliedern* generell vorangestellte, mit einem Nietzsche-Zitat gestützte Motto ab: »Dem Kinde im Manne« bzw. »Dem Kinde im Menschen«. Auf diesem Weg erfindet er in spielerischer Form mit dem *Großen Lalula* das erste Lautgedicht und markiert mit *Fisches Nachtgesang* den Übergang vom Text- ins Bildgedicht; so fordert er die Natur zu weiteren kreativen »neuen Bildungen« über die vertrauten hinaus auf und gibt ihr »Ochsenspatz / Kamelente / Regenlöwe / Turtelunke/ Schoßeule/Walfischvogel« etc. als Muster vor. Analog zu »Gigant« und »Elefant« bildet er »Zeheant« und »Nulelant«, läßt (als sei das Teil des Körpers selbst ein autonomes Ganzes) ein personifiziertes »Knie« einsam durch die Welt laufen oder schickt – des Reimes wegen – einen als Figurengedicht beschworenen »Trichter« auf seine Wanderung durch die Nacht. Vom »Nasobem«, das »auf seinen Nasen« schreitet, heißt es ausdrücklich, daß es noch nicht im *Brehm*, im *Meyer* oder *Brockhaus* steht, also noch nicht registriert und lexikalisiert ist:

> Es trat aus meiner Leyer
> zum ersten Mal ans Licht.

Zu den Utensilien der »Galgenbrüder« gehörte tatsächlich ein schwarzer Papp-Totenschädel, als »Gesangbuch« mit aufklappbaren Seiten: So blieben die Texte – zumindest in der Vortragssituation – zunächst sehr eng an das Eingangsszenario gebunden. Max Reinhardt nahm gelegentlich an den Sitzungen des »Clubs« teil und gründete aus ihrem Geist heraus sein literarisches Kabarett *Schall und Rauch*. Wichtiger noch: Als nach dem Ersten Weltkrieg der Hannoveranische Verleger Paul Steegemann nach dem Namen für eine schmale Heftreihe suchte, in der als wichtigster Titel die *Anna Blume* des Merzdichters Kurt Schwitters erscheinen sollte (sie ist die »Geliebte« seiner »siebenundzwanzig Sinne«, trägt »den Hut« auf den »Füßen«, wandert »auf den Händen« und zersägt ihre »roten Kleider« in »weiße Falten«), taufte er sie nach einer der Groteskerfindungen Christian Morgensterns: *Die Silbergäule*. Und schließlich: Morgensterns und seiner *Galgenlieder* wegen setzte der Dadasoph Raoul Hausmann, als er ihre Entwicklungsgeschichte reflektierte, vor die programmatische und manifestöse Entfaltung der avantgardistischen Literatur-Moderne ihre »Findung durch Zufall«. Bei »Sophie«, der »Henkersmaid«, so ist es!

☆
☆ ☆

Lorus

Fritz Kunkels Pudel ward, noch ungetauft,
von einem Stiefmilchbruder Korfs gekauft.

Es trieb ihn, als er, hilfreich von Natur,
der sogenannten ›Lore‹ Leid erfuhr,

sogleich zu ihr: worauf er, der nicht hieß,
sich ihr zum Troste *Lorus* taufen ließ:

den Namen also gleichsam auf sich nehmend –
und alle Welt durch diese Tat beschämend!

Korf selbst vollzog den Taufakt unverweilt.
Der Vogel aber war fortan geheilt.

Herbert Rosendorfer
Lorus

Aus dem Gedicht »Der ernste Herr« wissen wir, daß Palmström mit Vornamen *Palmus* heißt. Um von Korfs Vornamen webt geheimnisvolles Dunkel. (Ich könnte mir vorstellen, ohne dafür irgendeinen Beweis antreten zu können, daß er *Chlodwig Maria* hieß.) Offenbar hat Palmström Herrn von Korf schon vor der berühmten Reise in ein Böhmisches Dorf gekannt, hat ihn dorthin nur um des Reimes Willen mitgenommen, dennoch hat sich aus dieser gemeinsamen Reise eine überaus dauerhafte und tiefe Freundschaft entwickelt. Nicht zuletzt erhellt dies aus der Tatsache, daß von Korf es ist, dem Palmström das Modell seines drehbaren Theaters schenkt.

Von von Korfs Familie weiß man nur, daß er eine entfernte Cousine hatte, Frau Fei von Odeladelise zu Odeladeluse, die sich mit Magie beschäftigte. Etwas mehr erfahren wir von Palmus Palmströms Verwandtschaft: seine »Muhme« (und vielleicht Taufpatin? Palm*a* – Palm*us*?) war Frau Palma Kunkel. Christian Morgenstern, der mit Wörtern sehr sorgfältig umging, hat die Bezeichnung »Muhme« nicht nur so obenhin gewählt. Es steht für mich fest, daß er dieses Wort im ursprünglichen Kernsinn verwandt hat, und da bedeutet »Muhme« eindeutig und nur: Schwester der Mutter (vgl. Grimmsches Wörterbuch Bd. 12, Spalte 2645; dto. Goethe »Faust«: »... wie meine Muhme, die berühmte Schlange.« Goethe hat gewußt, daß die

Schlange die jüngste Tochter von Mephistos Großmutter war.) Wer aber war nun Fritz Kunkel? Möglicherweise Palma Kunkels Mann, vielleicht ihr Sohn. Sicher ist, daß Fritz Kunkel Eigentümer eines vorerst namenlosen (»noch ungetauft«) Pudels war, den ein Stiefmilchbruder von Korfs kaufte. Hier setzt eine Unstimmigkeit ein: nicht von Korf soll den Pudel gekauft haben, sondern sein Stiefmilchbruder? Andererseits heißt es in der letzten Strophe: »Korf *selbst* (Hervorhebung durch den Verf. dieses) vollzog… usw.« Dieses »selbst« ergibt nur einen Sinn, wenn damit darauf hingewiesen sein soll, daß Eigentümer und Täufer identisch sind. Die Unstimmigkeit löst sich, wenn man das »von einem Stiefmilchbruder« als druckfehlerbehaftet betrachtet. Es muß richtig heißen: »von *seinem* Stiefmilchbruder«. Dann wird alles klar, und man weiß nun auch, wie Palmström von Korf kennengelernt hat: von Korf war der Stiefmilchbruder seines angeheirateten Onkels (oder seines Cousins), und der Stiefmilchbruder wird auch später, längst abgestillt, wohl noch gern im Hause Kunkel verkehrt haben, um der alten Zeiten zu gedenken, wo man gemeinsam die Stiefmilch von den Stiefbrüsten der Stiefamme gesogen hat.

☆
☆ ☆

Zäzilie (II)

Zäzilie soll die Fenster putzen,
sich selbst zum Gram, jedoch dem Haus zum Nutzen.

»Durch meine Fenster muß man«, spricht die Frau,
»so durchsehn können, daß man nicht genau
erkennen kann, ob dieser Fenster Glas
Glas oder bloße Luft ist. Merk dir das.«

Zäzilie ringt mit allen Menschen-Waffen...
Doch Ähnlichkeit mit Luft ist nicht zu schaffen.
Zuletzt ermannt sie sich mit einem Schrei –
und schlägt die Fenster allesamt entzwei!
Dann säubert sie die Rahmen von den Resten,
und ohne Zweifel ist es so am besten.
Sogar die Dame spricht zunächst verdutzt:
»So hat Zäzilie ja noch nie geputzt.«

Doch alsobald ersieht man, was geschehn,
und sagt einstimmig: »Diese Magd muß gehn.«

Werner Ross
Mehr als Glas entzweien

Als Morgenstern in den »Galgenliedern« (1905) seine beiden Gedichte über die Magd Zäzilie veröffentlichte, waren Dienstmädchen längst literaturfähig geworden – meist, so bei den Goncourts, bei Flaubert und in Hauptmanns *Rose Bernd*, als tragische Fälle. In den *Fliegenden Blättern* kam die Minna mit ihrer Dame als komische Figur vor, derben Widerpart haltend zu deren lächerlichen Ansprüchen.

Aber erst Morgenstern hat die Zäzilien in ihrem Berufsethos, im tragikomischen Ringen um den häuslichen Heilsbegriff der Ordnung, entdeckt und gewürdigt. Vordergründig gesehen stellt sich »Zäzilie II« als eine Art Klassenkampfdrama oder Emanzipationsformel dar.

Die Dame verlangt, wie Damen ihren Mägden gegenüber leicht tun, das Unmögliche. Fensterscheibenputzen gehört an sich schon, selbst wenn man von den besonderen Gefahren des Putzens in oberen Stockwerken absieht, zu den hohen Künsten. Jeder Sonnenstrahl enthüllt selbst bei peinlichster Wahrnehmung des Reinigungsinstrumentariums Streifen und Stäubchen, und die Forderung, das Glas solle wie Luft aussehen, ist eine geradezu neronische Schikane.

Man könnte also davon sprechen, daß Zäzilie angesichts solcher Tyrannei den Aufstand wagt: sie »ermannt sich« mit einem Schrei, und sie tut, was heute junge Leute so gern aus minderem Anlaß, aber tieferen Ursachen tun: sie schlägt die Scheiben allesamt entzwei.

Ein gewisses Vergnügen rührt uns alle angesichts dieser Jeanne d'Arc der Wintergärten an. Aber wir interpretieren falsch, wenn wir sie glühend vor heiligem Zorn der Herrin entgegenstellen. Die ist gar nicht da, und Zäzilie verrichtet ihr klirrendes Werk – wenn man so sagen darf – in aller Stille.

Dem heiter-ernsten Morgenstern ging es, wie in vielen anderen seiner Verse, um das Mögliche und Unmögliche in der Kunst. Die Putzkunst ist das Gleichnis aller hohen Künste. Die Vollkommenheit der Scheibenputzkunst wird durch perfekte Durchsichtigkeit erreicht. Die Auftraggeberin erwartet diese Perfektion, nämlich eine Durchsichtigkeit, die nicht einmal mehr das Material wahrnehmen läßt, durch das hindurchgesehen wird, sozusagen ein Ölgemälde ohne Öl. Zäzilie durchhaut den gordischen Knoten, die von ihr erzielte Durchsichtigkeit ist die schlechthinnige. Nur an dieser Stelle mischt sich der Berichter ein: Mit großer Unbefangenheit stellt er fest, daß es so »am besten« sei. Der profane Zweck interessiert ihn nicht. Wie es in Morgensterns Stuhl-Gedicht heißt: »Überläßt den Zweck des Möbels ohne Neid der Gier des Pöbels.«

Daß auch die Dame zunächst nicht umhin kann, widerwilligen Respekt vor Zäziliens Kunstleistung zu bezeugen, rundet die Episode fürs erste ab. So schließt auch »Zäzilie I« mit einem Hoch auf die Künstlerin, die beim Aufräumen Bücher »wie Taschentücher« aufeinanderlegt: »Ein Scheuerweib ist nicht an ihr verloren./ Dafür ist Symmetrie in ihrem Werke.« Aus dem Pathos der Berufung zu Höherem, angewandt auf Trivialbelange wie Fensterputzen und Schreibtischaufräumen, ziehen Morgensterns Gedichte ihre Komik.

Nach einer Staun-Pause freilich sieht man, was Zäzilie angerichtet hat. Nur zwei Verse bilden den düsteren Abgesang, besiegeln die Tragik des Unverständnisses zwischen Künstlerin und Publikum. Zäzilie »muß gehn«, zwei Silben reichen aus. Heute ringen Hausfrauen um die letzten verbliebenen Zäzilien. Oder ist Zäzilie schon ein Fabeltier geworden wie der Gingganz und das Nasobem?

☆
☆ ☆

Fisches Nachtgesang

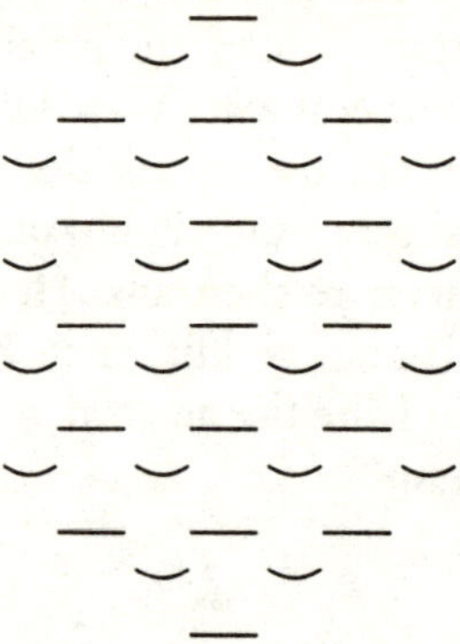

Fisches Nachtgesang: das tiefste deutsche Gedicht.

Rheinfischleins Nachtgesang

```
      *
      –
    ' + '
  + – ' – +
    + ? +
  ' – ' – '
    ? – ?
  – + – + –
    ' + '
  ? – ' – ?
    + – +
      +
      +
```

Klaus Stiller in Anlehnung an Christian Morgensterns »Fisches Nachtgesang«

Klaus Stiller

Deutung meiner Aktualisierung des Morgenstern-Gedichts »Fisches Nachtgesang«

Morgensterns Gedicht umfaßt 13 Zeilen. Die Länge des Gedichts wurde von mir beibehalten. Der waagrechte Strich bedeutet den ruhig fließenden Rhein. Der senkrechte Strich steht für den aufwärts gerichteten Drang der Fische, Luft zu schnappen, um zu überleben. Das Kreuz deutet Tod an. Das Fragezeichen ist zugleich Anzweiflung des unentrinnbaren Schicksals und Bild für die Schlangenbewegung, mit der die betroffenen Kreaturen der drohenden Gefahr zu entgehen suchen. Nach unten hin verdichten sich Ungewißheit und Todesgewißheit. Doch selbst nach dem Tod seiner Lebewesen fließt der alte Strom dahin, nunmehr Kadaver transportierend. Über allem: der nächtliche Sternenhimmel.

☆

☆ ☆

Die Korfsche Uhr

Korf erfindet eine Uhr,
die mit zwei Paar Zeigern kreist
und damit nach vorn nicht nur,
sondern auch nach rückwärts weist.

Zeigt sie zwei, – somit auch zehn;
zeigt sie drei, – somit auch neun;
und man braucht nur hinzusehn,
um die Zeit nicht mehr zu scheun.

Denn auf dieser Uhr von Korfen
mit dem janushaften Lauf
(dazu ward sie so entworfen):
hebt die Zeit sich selber auf.

Harald Weinrich
Uhrworte korfisch

Meine verehrten Damen und Herren, Christian Morgensterns Gedicht mit dem Titel »Die Korfsche Uhr«, das Sie im Anschluß an meine wissenschaftliche Interpretation auch vom Chor interpretiert hören werden, trägt in einer Handschrift, die im Institut für Deutsch als Fremdsprache der Universität München aufbewahrt wird, die Überschrift »Uhrworte korfisch«. Ziel meiner Interpretation hat daher zu sein, die uhrwortliche Tiefenstruktur dieses von der Forschung bisher noch nicht genügend gewürdigten Gedichts an den Tag zu bringen.

Was zunächst die formale Ebene betrifft, so handelt das Gedicht von der Zeit t, der mittels einer Uhr u die besondere Eigenschaft e zugesprochen wird, daß sie bidirektional deiktisch ist, und zwar progredient als tp und regredient als tr. Für das Verhältnis von tp zu tr gilt, daß $tp+n<6 \approx tr+n>6$, mit dem gemeinsamen Grenzwert $tp=tr=tpr \pm 6$.

Es ist nun sehr bedauerlich, meine kritischen Damen und Herren, daß einige Kollegen immer noch meinen, bei einer rein formalistischen Analyse der in einem Gedicht vorliegenden Behauptungssätze stehenbleiben zu können. Wir werden hier statt dessen mit der begrifflichen Hilfe des Philosophen Gottlob Frege vom scheinhaften Sinn zur wahren Bedeutung der vorliegenden Behauptungen voranzuschreiten versuchen. Gerade nämlich an der Stelle seiner Schrift »Funktion, Begriff, Bedeutung«, Göttingen (!) 1962, wo Frege die Bedeutung einer Behauptung als deren Wahrheitswert kennzeichnet, gibt er uns auch einen unschätzbaren Hinweis auf die wahre Bedeutung des Morgensternschen Gedichts. Er schreibt dort auf S. 45 (Sie können das wörtlich nachlesen): »es ist z. B. der Gedanke des Satzes ›der Morgenstern ist ein von der Sonne beleuchteter Körper‹ verschieden von dem des Satzes ›der Abendstern ist ein von der Sonne beleuchteter Körper‹.« (Ende des Zitats.)

Verschieden sind aber Morgenstern und Abendstern, so fährt unser Philosoph auf S. 46 fort, nur in der zeitlichen Erscheinung, dem Wissenden und logisch Denkenden hingegen sind sie ein einziger Stern. Nur den logisch nicht geschulten Augen erscheint dieser Stern in zweierlei Gestalt, deren jede eine unterschiedliche Zeit anzuzeigen scheint, da doch der Morgenstern am Morgenhimmel und der Abendstern am Abendhimmel seine Bahn zieht. Der Blick auf die Uhr bewahrt hier offensichtlich nur dann vor einer gefährlichen zeitlichen Täuschung, wenn diese eine Korfsche Uhr ist.

Wir müssen nun, meine neugierigen Damen und Herren, noch einmal zu Frege zurückkehren, der nämlich an einer anderen Stelle der bereits genannten Schrift dem Behauptungssatz, insofern er wahrheitswertige Bedeutung hat, den Status eines Eigennamens zuerkennt. Nun fällt es Ihnen, meine nachdenklichen Damen und Herren, gewiß wie Schuppen von den Augen: ganz offensichtlich hat der Autor Morgenstern – *nomen est omen* – in diesem Gedicht sich selber gemeint, aber nicht nur, wie es die bisherige Forschung als halbe Wahrheit schon erkannt hat, als Christian Morgenstern, sondern gleichermaßen klar und deutlich am literarischen Horizont stehend: als Christian Abendstern.

Wenn dieser Interpretationsschritt nun gesichert ist – und er ist es, meine skeptischen Damen und Herren –, dann ist natürlich sogleich weiter zu fragen und zu hinterfragen, was sich letztendlich und selber weiter nicht hinterfragbar hinter dieser geheimnisvollen und bis heute unbekannt gebliebenen Doppelexistenz unseres Dichters verbirgt. Die Antwort auf diese Frage ist wiederum bei unserem Philosophen zu erfahren, kann aber auch aus dem bloßen enzyklopädischen Wissen geschöpft werden, auf das wir in unseren Behauptungssätzen rekurrieren. Denn jener Stern am Horizont, der durch die bloße Differenz der Uhrzeit bald als Morgenstern (Christian) und bald als Abendstern (Christian) erscheint, ist seinem wahren Namen nach die Venus. Unser Gedicht, meine liebenswürdigen Damen und Herren, ist folglich in seiner Tiefenstruktur ein Liebesgedicht, und das Rezeptionsziel des impliziten Lesers ist dann erreicht, wenn er im Sinne der Korfschen Uhr die beiden unterschiedlichen Zeitverläufe des Morgen- und des Abendsterns durch die Kraft seines logischen Denkens synchronisiert hat, so daß sie in Punkt *tv* (= *tempus Veneris*) zusammenfallen. Hier im Punkt *tv* = *6* ist die Zeit aufgehoben, wie Sie sich ja auch nach Ihrer lebensweltlichen Erfahrung denken können.

Sollten Sie nun aber glauben, meine tiefsinnigen Damen und Herren, wir hätten jetzt bereits die tiefste Wahrheit unserer logisch-linguistischen Gedichterklärung erreicht, so befinden Sie sich leider auf einem privatistischen Holzweg. Wir können nämlich zum Abschluß der Frage nicht ausweichen, was es denn fachsprachlich ganz genau bedeutet, wenn wir in unserer *Ordinary German language* so einfach sagen, in der

Liebe sei die Zeit aufgehoben. Nun, wer seinen Hegel gelesen hat, weiß schon, daß der Ausdruck »aufgehoben« bei diesem Philosophen eine doppelte Bedeutung hat: *primo* »außer Kraft gesetzt«, *secundo* »aufbewahrt«. Erklärt ist bisher, mit Hilfe von Korf und Frege, unter welchen glücklichen Bedingungen die Zeit aufgehoben, d. h. außer Kraft gesetzt ist. Wo aber, bitte schön, ist nun die Zeit, wenn sie von der Liebe außer Kraft gesetzt worden ist, aufgehoben, d. h. aufbewahrt? Ich kann es Ihnen, meine germanistischen Damen und Herren, in dieser Morgen- und Abendsternstunde der Logik und Linguistik verraten und *ad oculos*, genauer gesagt *ad aures* demonstrieren: Gut aufgehoben, d. h. aufbewahrt ist die Zeit, wenn auf der Korfschen Uhr die Stunde der Liebe schlägt, auf dem Göttinger Kongress der Internationalen Germanistik – tik – tik – tik – tik – tik.

☆
☆ ☆

Carl Friedrich von Weizsäcker
Entepente und die abstrakte Kunst

Eine Trilogie

1. *Ballade*

Das große Lalulā *

Kroklokwafzi? Semememi!
Seiokrontro prafriplo:
Bifzi, bafzi! Hulalemi:
quasti basti bo...
Lalu lalu lalu lalu la!

Hontraruru miromente
Zasku zes rü rü?
Entepente? Leiolente
klekwapufzi lü?
Lalu lalu lalu lalu la!

* Wir geben den Text der Ballade in der Fassung, in der sie von Christian Morgenstern zuerst gedruckt wurde. Nur in der Interpunktion führt unsere Interpretation des Gedichtes zu ein paar kleinen Abweichungen von seiner Fassung. Das Fragezeichen hinter »Entepente« (Str. 2, Zeile 3) wird wohl durch die nachfolgenden Ausführungen zur Genüge begründet. Auf die übrigen Abweichungen und auch auf die, mit unserem Thema an sich eng zusammenhängende Erscheinung der in der 3. Strophe auftretenden »reinen Interpunktion« können wir hier leider aus Raummangel nicht eingehen.

Simarar kos malzipempu
silzuzankunkrei(;)!
Marjomar dos: Quempu Lempu
Siri Suri (Sei()!
Lalu lalu lalu lalu la!

2. *Satyrspiel*

Zwei theoretische Physiker, von denen der eine durch langjährige Freundschaft mit einem philosophierenden Philologen geschult war, haben vor Jahren nach den wissenschaftlichen Methoden zur Erforschung von Texten in unbekannten Sprachen das in Morgensterns »Galgenliedern« zuerst veröffentlichte »Große Lalula« entziffert. Sie beschränkten sich streng auf das Nachweisbare. Darum gaben sie nur den Wortschatz und die Formenlehre der verschollenen Sprache an, soweit beide aus dem erhaltenen Text zu erschließen sind, ohne sich auf eine wörtliche Übersetzung des alten Heldenliedes festzulegen. Um einer grammatischen Form willen, die sie dabei entdeckten, sei hier an diese bisher ungedruckte Arbeit angeknüpft. Es mag sein, daß die Entdeckung der beiden Forscher auch einiges Licht auf die Kunst unseres Jahrhunderts zu werfen vermag.

Vielleicht bedurfte es eines sehr lebendigen akustischen Ausdruckssinnes, um zu erkennen, daß »Kroklokwafzi« heißt: »es wird mit dem Schwert geschlagen«, klekwapufzi« aber: »es wird mit dem Dolch gestoßen«. Strenger rational verlief die Interpretation der zwei Zeilen:

Hontraruru miromente
zasku zes rü rü?

»-u« war aus anderen Partien des Gedichts als Nominativendung erkannt. »Zasku« ist ein Substantiv zu einem in »zes« adverbial verwendeten Stamm der Bedeutung »sieghaft«; »zasku« wäre also der Held. Die eigentümliche Tendenz jener alten Sprache, dasselbe doppelt, nämlich materiell durch den Sinn des einzelnen Wortes und rhythmisch oder abstrakt durch die aus den Worten gebildete Struktur auszudrücken, war den Verfassern ebenfalls schon an anderer Stelle aufgefallen, und so lasen sie »rü« als »wieder« und »rü rü« als »wieder und wieder«, als »reines Wieder«. Dies erschloß nunmehr den Sinn der stammverwandten Endung »-aruru«. »Hontru« heißt »die Gefahr«, »-aru« ist die Pluralendung (»hontraru« also etymologisch: »die Gefahr wieder«, d. h. die Gefahren), »-aruru« aber ist der *Pluralis intensivus*, »hontraruru« heißt »die vielen Gefahren«. Wie kann aber der Satz zwei Subjekte haben: die vielen Gefahren und den sieghaften Helden? Die moderne Logik weiß, daß nicht jeder Satz die traditionelle Form »S ist P« hat. Es gibt »zweistellige Prädikate« oder »Relationen« R(x,y), zu lesen: »x und y stehen zueinander in der Beziehung R«. »Mirom-« erweist sich als der Verbalstamm der einfachsten Relation, der Koexistenz. Der Satz spricht also vom gleichzeitigen Dasein der Gefahren und des Helden. Aber er ist eine Frage – er ist die zweifelnd retardierende Frage im unerbittlichen Ablauf des tragischen Schicksalsgesangs. »Ist es möglich, daß zusammenbestehen die unermeßlichen Gefahren und der Held, siegreich wieder und wieder?

Ist es möglich?« »-ente« also wäre die Flexionsendung, die den *Potentialis*, die Möglichkeitsform des Verbums anzeigt.

Der alte Dichter fährt fort:

Entepente? Leiolente
klekwapufzi lü?

Halten wir unseren grammatischen Entdeckertrieb noch zurück, gehen wir vom Gesicherten aus! Schon durch die Wortstellung ist »lü« dem »rü« polar entgegengeordnet. »Lü« steht aber, im Gegensatz zu »rü«, nur einmal da, und nach dem Gesetz der Übereinstimmung von Wortsinn und struktureller Verwendung heißt »lü« daher »einmal«. Was auch die Herkunft des Verbalstammes »leiol-« sein möge, der Sinn des Satzes ist klar: »Oder erliegt er dem einmaligen Dolchstoß?«

Was aber heißt »entepente«? Es ist ein *Potentialis*, aber der Verbalstamm ist selbst mit der *Potentialis*-Endung identisch; das spannungsgeladene »p« in der Wortmitte ist, wortgeschichtlich gesehen, wohl nur das aus euphonischen Gründen notwendige Scharnier zwischen dem doppelten »ente«, die Achse der Drehtür. Und fordert nicht gerade die seelische Bewegung des Gedichts diese Iteration? Wie sagten wir vorhin, als wir aus dem inneren Rhythmus der Ballade heraus zu sprechen suchten? »Ist es möglich, daß Held und Gefahren gleichzeitig bestehen? Ist es möglich?« Das zweite »Ist es möglich?« ist die blassere Fassung dessen, was der Dichter mit dem geheimnisbeladenen Wort »entepente« sagt. Wir sollten es wiedergeben durch den volleren Klang der selbstprädizierenden Wiederholung: »Ist es möglich, daß es möglich ist?« Entepente ist eine abstrakte Flexionsform, eine Flexionsform an sich, es ist der *Potentialis purus*.

Aber ist unsere Deutung nicht selbstwidersprechend? Nicht in der Ebene der Sprachforschung; da dürfte sie unanfechtbar sein. Aber in der Ebene der Ästhetik? Wie verhält sich denn die reine Grammatik zur Emotion? Aus der höchsten seelischen Bewegung des Heldenlieds schließen wir auf eine Konjugationsform?

Wer so fragt, ist noch in der Romantik befangen. Der archaische Dichter sah die reinen Urgestalten, Gestalten des Seins selbst, die eben darum, in abgeleiteter Weise, Bahnen der Gefühlserregung und Träger des gespanntesten wie des gelassensten Ausdrucks werden können. In einem Hauch, in einer einzigen Stimmführung zeigt uns das Gedicht aus der Urzeit dreierlei zugleich: das reckenhafte Geschehen – das Wogen der Gefühle, die das Geschehen begleiten – und die jenseits des Menschlichen liegende Gestalt, welche die Bedingung der Möglichkeit des Geschehens, der Gefühle und ihres Ausdrucks ist. Diese Bedingung aber ist die reine Möglichkeit selbst – entepente.

3. Tragödie

Der Naturalismus versteht die Wirklichkeit als das, als was sie von der klassischen Physik, die dem cartesischen Wahrheitsbegriff und der cartesischen Ontologie folgte, definiert worden ist. Die klassische Physik war im Augenblick ihrer Entstehung die denkerische Möglichkeit ihrer Zeit. Damals war es ein zentraler Teil der Aufgabe des Künstlers, die Natur so wiederzugeben, wie sie wirklich ist. Dieses »wirklich« transzendierte freilich den Horizont der späteren, abgeschlossenen klassischen Physik, aber es bezeichnete immerhin die Richtung der denkend-schauenden Bewegung, welche die klassische Physik erst möglich gemacht hat. Kein Horizont kann sich bilden ohne eine Erde und einen Himmel, die weiter reichen als der Horizont.

Die Neuzeit ist zweideutig und vernichtet ihre Ziele, indem sie sie erreicht. Die Photographie vernichtet den Naturalismus, indem sie ihn erfüllt. Der Künstler erfährt: das also ist nicht Kunst. Was ist Kunst dann? Der Physiker erfährt: die klassische Physik erfaßt nicht den Grund der Wirklichkeit. Wo ist er dann?

Ernst Mach sieht die Wirklichkeit in der Sinnesempfindung. Dasselbe tun die Impressionisten.

Der Mittelpunkt der Empfindung, in ihrer Eigenschaft als Empfindung betrachtet, ist das empfindende Ich. Ist aber Empfindung, vom Ich her gesehen, nicht eigentlich nur Partner oder Gestalt der Leidenschaft? Eine Kunst ist möglich, die Ausdruck der Leidenschaft sein will und nichts anderes. War denn, so fragt sie, Kunst je etwas anderes? Der Gegenstand, die Sinnlichkeit sind dann nur Vehikel des Ausdrucks. Kann es nicht ungegenständliche, noch nie bisher realsinnlich wahrgenommene Ausdrucksformen geben?

Kunst kann Ausdruck sein. Sie kann auch Erforschung des Ausdrückbaren durch das Mittel des Ausdrucks sein. Sie kann zum psycho-analytischen Diagramm werden. Sie kann schließlich Erforschung der möglichen Ausdrucksformen sein.

Ausdrucksformen aber kann es nur geben, wenn es Seinsstrukturen gibt. Die Quantentheorie kann nicht mehr im Begriffsschema des an sich seienden materiellen Objekts, dem das denkende oder empfindende Ich gegenübersteht, gedacht werden. Gleichwohl ist sie Wissenschaft. Sie stellt das, was sie in seinem Sein noch kaum bezeichnen kann, in der mathematischen Formel dar. Diese aber ist nur die Stenographie einer reinen Struktur. In der Struktur deutet sich uns etwas von den Bedingungen der Möglichkeit physikalischer Objekte und ihres Wahrgenommenseins an.

Ähnliches sucht die Kunst der reinen Formen. Findet sie es? Sicher stellt sie eines der Themen unseres Jahrhunderts.

Aus einer chinesischen Tuschzeichnung eines taoistischen Heiligen, der in eine Landschaft von tausend Bergen, Wäldern und Seen hineinwandert, um in ihr zu verschwinden, blende man einen Quadratzentimeter des Mönchsgewandes heraus. Man vergrößere diesen Quadratzentimeter auf das Format eines Bildes, das in einer Ausstellung aufgehängt werden dürfte, und man wird bessere abstrakte Kunst haben als alle, die uns gezeigt wird.

Kann das spielende oder sinnende Erfassen der Bedingungen der Möglichkeit von Kunst selbst Kunst sein? Ist die Aufgabe, um die es hier geht, überhaupt eine künstlerische Aufgabe? Wenn sie den Bereich des rein Künstlerischen überschreitet, ist sie uns darum weniger aufgegeben?

Mit Recht liegen Unzulänglichkeit und Lachen beisammen. Wir sind unterwegs, und das böse Gewissen kann so leicht zur Schuld werden wie das gute Gewissen. Heutige Kunst, die ins sogenannte Abstrakte vorstößt, ist oft nur erträglich, weil und soweit sie erheitert. Vielleicht ist auch Picasso dort am besten, wo er mit dem Beschauer über das Bild oder durch das Medium des Bildes über den Beschauer lacht.

Ist diese Kunst nicht entepente?

☆
☆ ☆

Das Hemmed

Kennst du das einsame Hemmed?
Flattertata, flattertata.

Ders trug, ist baß verdämmet!
Flattertata, flattertata.

Es knattert und rattert im Winde.
Windurudei, windurudei.

Es weint wie ein kleines Kinde.
Windurudei, windurudei.

Das ist das einsame
Hemmed.

Dieter Wellershoff
Persiflage und Groteske
Zu den Galgenliedern von Christian Morgenstern

Diese Verse wollen gesungen werden. Und so ist es ja vermutlich auch geschehen. Christian Morgenstern hat seine »Galgenlieder« in den 90er Jahren des vorigen Jahrhunderts für einen Freundeskreis von Zechkumpanen geschrieben, die sich die »Galgenbrüder« nannten und bei ihren Zusammenkünften in stets wechselnden Wirtschaften (denn man konnte nie an den Ort der alten Untaten zurück) eine Art von höherem Unfug trieben, um das juste milieu der Berliner Gründerjahre für ein paar Stunden aus den Angeln zu heben. Morgenstern, der Zeremonienmeister des Kreises, leitete die Zusammenkünfte mit einem rostigen Schwert. Aber vor allem beschenkte er die »Galgenbrüder« mit seinen Versen, die von Julius Hirschfeld vertont und am Klavier begleitet wurden.

»Das Hemmed« ist ein Text, der ohne Musik und dramatischen Vortrag nicht bestehen kann, aber wohl um so besser bei gemeinsamem Gesang zur Geltung kam. Ich weiß nicht, ob es eine Vertonung des Textes gibt. Er bietet sich mit seinen einfachen Formen und litaneihaften Wiederholungen auch der musikalischen Improvisation und spontaner Inszenierung an. Ich stelle mir vor, daß die jeweils erste Zeile der vier Strophen von einem Vorsinger gesungen wurde (oder auch von wechselnden Vorsingern) und die folgende lautmalerische Zeile mit »flattertata« und »windurudei« die Antwort des Chors darstellte. Die Vortragsart wird theaterhaft agierend gewesen sein, kontrastreich und übertrieben im Ausdruck: mal schmetternd und fanfarenhaft, mal dumpf drohend oder »dräuend«, wie es wohl besser hieße, mal laut, mal leise. Der Abgesang »Das ist das einsame Hemmed« wurde wahrscheinlich dann wieder gemeinsam gesungen, ein Tutti mit größter Stimmstärke und ebensolchem Pathos, wobei das Wort »Hemmed«, zu dem das schlichte Wort »Hemd« geadelt worden war, wie eine Fahne entrollt wurde.

Nachahmende Übertreibung und Vereinfachung sind Ironiezeichen vor allem der Parodie. Das »Hemmed« persiflierte die zeitgenössische Poesie von Droste-Hülshoff bis Liliencron in ihrer fragwürdigen Vorliebe für Lautmalereien und spielte gleichzeitig auf die übliche Gespenstergeschichte an, bei der ein weißes Hemd im Mondschein als Geist nächtliches Gruseln hervorruft, um am nächsten Morgen als harmloses Hemd entlarvt zu werden.

Der Text ist wie alle Parodie bezogen auf Vorgaben, die er durch ironische Übertreibung dem Gelächter oder dem Schmunzeln preisgibt. Ganz anders verhält es sich dagegen mit vielen anderen Galgenliedern Morgensterns. Sie sind Tänze ohne Boden, bizarre Geistesblitze, die auf unvorhersehbare Weise einschlagen, manchmal ohne daß man es gleich merkt.

Das Knie

Ein Knie geht einsam durch die Welt.
Es ist ein Knie, sonst nichts!
Es ist kein Baum! Es ist kein Zelt!
Es ist ein Knie, sonst nichts.

Im Kriege ward einmal ein Mann
erschossen um und um.
Das Knie allein blieb unverletzt –
als wärs ein Heiligtum.

Seitdem gehts einsam durch die Welt.
Es ist ein Knie, sonst nichts.
Es ist kein Baum, es ist kein Zelt.
Es ist ein Knie, sonst nichts.

Man sollte das Gedicht nur interpretieren, indem man es noch einmal liest und sich dem Wechselspiel von verwirrender Leichtfertigkeit und jähem Schock überläßt. Wird nicht jeder Leser gleich vor den Kopf gestoßen von der gespenstischen Unwirklichkeit der ersten Zeile, die im Widerspruch zu ihrer schlichten Aussageform steht: »Ein Knie geht einsam durch die Welt«? Allenfalls Dali oder Bosch hätten so etwas malen können. Doch kommt es ganz simpel und vertrauenswürdig daher und wird in der nächsten Zeile zu einer harmlosen, trivialen Tatsache heruntergespielt: »Es ist ein Knie, sonst nichts.« Es ist zum Beispiel »kein Baum« und »kein Zelt«, ein Einfall, der sich allein durch den Reim legitimiert und sich so als Spiel und Nonsens zu erkennen gibt. So übermütig und verrückt, denkt man, wird's wohl weitergehen.

Noch einmal folgt in der letzten Zeile dieses abwinkende »sonst nichts«. Es ist als Falle für uns aufgestellt. Denn in der zweiten Strophe füllen sich diese beiden beiläufigen Worte ungeheuerlich mit Anschauung und Sinn: Das Knie – sonst nichts – ist übriggeblieben vom Körper eines Soldaten, der »um und um« erschossen und bis zur Spurlosigkeit atomisiert wurde. »Das Knie allein blieb unverletzt«, und nun folgt einer der atemberaubendsten Konjunktive, die ich kenne: »als wärs ein Heiligtum.« Ja, etwa nicht? Ein Knie wäre kein Heiligtum? Man frage die Anatomen und die Liebenden, man vergleiche ein unverletztes Knie mit seinem orthopädischen Ersatz. Wenn es Heiligtümer gibt, dann sind es die lebendigen Dinge. Trotz des verwirrenden Konjunktivs führt einen das Gedicht direkt auf diese Erkenntnis zu. Doch ist das nicht die letzte Lesart. Der

Konjunktiv tritt wieder in sein Recht. In einer Welt, in der Menschen bis zur Unkenntlichkeit zerfetzt werden, kann ein heilgebliebenes Organ nur noch das Grauen vertiefen. Der blinden Zerstörung ist nichts heilig. Nur zufällige Reste bleiben zurück. Mögen sie auch feierlich in Heldengräbern bestattet werden – sie sind Beweisstücke des Unheils und lassen sich zu keinem höheren Sinn umfälschen.

Gibt es wirkungsvollere Antikriegsgedichte als diese Groteske? Leicht und unernst kommt sie daher, als könne von nichts Wirklichem die Rede sein. So ist man nicht vorbereitet auf ihren plötzlichen Biß. Und dann wird nichts ausgekostet und fundamentiert. Noch hat man nicht ganz ermessen, was gerade gesagt wurde, da tänzelt die dritte Strophe schon wieder weg vom gerade aufgedeckten Schrecken. Sie entzieht sich den Gefühlen des Lesers, verweigert ihnen die Zustimmung und erst recht die Nachbereitung. Wehrlos läßt sie ihn mit seiner Erfahrung allein zurück, scheinbar heiter und unbekümmert zurückrufend, was jetzt nur noch die Sprache der Lüge und der Beschwichtigung ist: »Es ist ein Knie, sonst nichts.«

☆ ☆ ☆

Die Autoren

PETER VON BECKER, geboren 1947, Dr. jur., Literatur- und Theaterkritiker, Redakteur bei »Theater heute«, lebt in München.

Publikationen (u. a.): Der überraschte Voyeur. Theater der Gegenwart (1982), Georg Büchner »Dantons Tod«. Kritische Studienausgabe (Hrsg.) (1985^2), Spielen sie der Welt ein Loch in den Bauch? – Theater 1986 (Mithrsg.) (1986).

WOLFGANG BITTNER, geboren 1941 in Gleiwitz, Dr. jur., seit 1974 freier Schriftsteller, ab 1977 auch bildhauerische Arbeiten, lebt in Göttingen. Mehrere Literaturpreise und Ausstellungen.

Publikationen (u. a.): Erste Anzeichen. Lyrik und Prosa (1976), Der Aufsteiger. Roman (1978), Rechtssprüche. Texte zum Thema Justiz (1975 und 1979), Alles in Ordnung. Satiren (1979), Bis an die Grenze. Roman (1980), Abhauen. Roman (1980), Nachkriegsgedichte. (1980), Weg vom Fenster. Roman (1982), Der Riese braucht Zahnersatz. Texte für Kinder (1983), Kopfsprünge. Gedichte (1984), Die Fährte des Grauen Bären. Roman (1986).

HARK BOHM, geboren 1939 in Hamburg, Filmregisseur, wichtigste letzte Filme: Nordsee ist Mordsee (1976), Moritz, lieber Moritz (1975); Im Herzen des Hurricans (1980), Der Fall Bachmeier: Keine Zeit für Tränen (1984).

ULLA HAHN, geboren 1946 in Brachthausen/Sauerland, Studium der Literaturwissenschaft, Geschichte und Soziologie in Köln und Hamburg, seit 1979 Literaturredakteurin bei Radio Bremen. 1981 Leonce-und-Lena-Preis, 1982 Villa Massimo, 1984 Märkisches Stipendium, 1985 Hölderlin-Preis, 1986 Roswitha-von-Gandersheim-Medaille, 1987 Stadtschreiber von Bergen-Enkheim.

Publikationen (u. a.): Zur Entwicklung der operativen Literatur in der Bundesrepublik (1978), Herz über Kopf. Gedichte (1981), Stephan Hermlin. Aufsätze, Reden, Interviews (Hrsg.) (1982), Spielende. Gedichte (1983), Freudenfeuer. Gedichte (1985).

LUDWIG HARIG, geboren 1927 in Sulzbach/Saar, bis 1970 Volksschullehrer, Mitglied der Deutschen Akademie für Sprache und Dichtung und der Akademie der Wissenschaften und der Literatur in Mainz, 1971, nach zahlreichen Essays und Hörspielen Veröffentlichung seines ersten Romans. 1966 Kunstpreis des Saarlandes, 1985 Carl-Zuckmayer-Medaille, 1986 Lesezeichen-Preis für Poesie und Politik, 1987 Stadtschreiber-Literatur-Preis des ZDF und der Stadt Mainz.
Publikationen (u. a.): Haiku Hiroshima (1961), Sprechstunden für die deutsch-französische Verständigung und die Mitglieder des gemeinsamen Marktes (1971), Die saarländische Freude (1977), Rousseau (1978), Der kleine Brixius (1980), Trierer Spaziergänge (1983), Zum Schauen bestellt (1984), Das Rauschen des sechsten Sinnes (1985), Ordnung ist das ganze Leben (1986), Die Laren der Villa Massimo (1986).

GENO HARTLAUB, geboren 1915 in Mannheim, nach der Schule kaufmännische Lehre, Auslandskorrespondentin, nach dem Krieg Lektorin bei der literarischen Zeitschrift »Die Wandlung«, Heidelberg, freie Verlagslektorate, seit 1960 Redakteurin beim »Deutschen Allgemeinen Sonntagsblatt«, lebt in Hamburg. Mitglied der Deutschen Akademie der Sprache und Dichtung, Darmstadt, und der Freien Akademie der Künste, Hamburg.
Publikationen (u. a.): Die Tauben von San Marco. Roman (1955), Gefangene der Nacht. Roman (1961), Die Schafe der Königin. Roman (1964), Unterwegs nach Samarkand. Reisebericht (1965), Rot heißt auch schön. Erzählungen (1969), Lokaltermin Feenteich. Roman (1975), Das Gör. Roman (1980), Sprung über den Schatten (1984), Muriel. Roman (1985), Die Uhr der Träume. Erzählungen (1986).

Hartmut von Hentig, geboren 1925 in Posen, Dr. phil., Prof. für Pädagogik, bis 1968 Ordinarius an der Universität Göttingen, seitdem in Bielefeld, seit 1982 Mitglied der Deutschen Akademie für Sprache und Dichtung. 1969 Schiller-Preis der Stadt Mannheim, 1986 Lessing-Preis der Stadt Hamburg, 1986 Sigmund-Freud-Preis für wissenschaftliche Prosa der Deutschen Akademie für Sprache und Dichtung.

Publikationen (u. a.): Das Bielefelder Oberstufenkolleg (1971), Die Bielefelder Laborschule (1971), Schule als Erfahrungsraum? (1973), Die Wiederherstellung der Politik oder Cuernavaca revisited (1973), Die Sache und die Demokratie (1975), Was ist eine humane Schule? (1976), Paff der Kater (1978), Die entmutigte Republik (1980), Die Krise des Abiturs und eine Alternative (1980), Aufwachsen in Vernunft (1981), Erkennen durch Handeln (1982), Aufgeräumte Erfahrung (1983), Das allmähliche Verschwinden der Wirklichkeit (1984), Ergötzen, Belehren, Befreien – Wie frei sind Freie Schulen? (1985).

Joachim Kaiser, geboren 1928 in Milken/Ostpreußen, Studium der Musikwissenschaften, Germanistik, Philosophie und Soziologie in Göttingen, Frankfurt und Tübingen, dort Promotion, anfänglich bei den »Frankfurter Heften« und der »Frankfurter Allgemeinen Zeitung«, Mitarbeiter an zahlreichen Zeitschriften und Rundfunkanstalten, seit 1959 Kritiker und Feuilletonredakteur der SZ, München, seit 1977 Professor an der Staatlichen Hochschule für Musik und darstellende Kunst, Stuttgart, Mitglied der Bayerischen Akademie der Schönen Künste, München und der Deutschen Akademie für Sprache und Dichtung, Darmstadt. 1966 Theodor-Wolff-Preis, 1970 Johann-Heinrich-Merck-Preis, 1973 Salzburger Kritikerpreis.

Publikationen (u. a.): Grillparzers dramatischer Stil (1961/69), Große Pianisten in unserer Zeit (1965/89[7]), Kleines Theater-Tagebuch (1965), Beethovens 32 Klaviersonaten – und ihre Interpreten (1975), Erlebte Musik (1977), Mein Name ist Sarastro (1984), Wie ich sie sah... und wie sie waren. Zwölf kleine Porträts (1985), Den Musen auf der Spur – Reiseberichte aus drei Jahrzehnten (1986), Erlebte Literatur (1988).

WALTER KEMPOWSKI, geboren 1929 in Rostock, 1948 aus politischen Gründen zu 25 Jahren Zwangsarbeit verurteilt, Entlassung nach acht Jahren Haft, danach Abitur und Studium an der Pädagogischen Hochschule Göttingen, lebt seit 1960 als Landlehrer und Schriftsteller in Nartum/Bremen, 1980 Gründung des Biographischen Archivs. 1970 Lessing-Förderpeis, 1973 Wilhelm-Raabe-Preis Braunschweig, 1974 Andreas-Gryphius-Förderpreis, 1976 Karl-Sczuka-Preis, 1979 Niedersachsen-Preis, 1980 Bambi-Preis, 1980 Jakob-Kaiser-Preis, 1981 Hörspielpreis der Kriegsblinden.

Publikationen (u. a.): Im Block. Ein Haftbericht (1969), Tadellöser & Wolff. Roman (1971), Uns geht's ja noch gold. Roman (1972), Haben Sie Hitler gesehen? Deutsche Antworten (1973), Der Hahn im Nacken. Kinderbuch (1973), Immer so durchgemogelt. Erinnerungen an unsere Schulzeit (1974), Ein Kapitel für sich. Roman (1975), Wer will unter die Soldaten (1976), Aus großer Zeit. Roman (1978), Unser Herr Böckelmann (1979), Schöne Aussicht. Roman (1981), Böckelmanns Tafelgeschichten (1983), Herzlich willkommen. Roman (1984), Hundstage. Roman (1988).

PAUL KERSTEN, geboren 1943 in Brakel, Dr. phil., Redakteur des NDR-Fernsehens (Kultur und Wissenschaft), Schriftsteller, lebt in Hamburg. 1982 Film- und Fernsehpreis des Deutschen Ärzteverbandes, Fernsehfilm: Die Traurigkeit, die töten kann.

Publikationen (u. a.): Die Metaphorik in der Lyrik von Nelly Sachs. Dissertation (1970), Der alltägliche Tod meines Vaters. Erzählungen (1978), Absprung. Roman (1979), Die toten Schwestern. Prosa (1982), Briefe eines Menschenfressers. Roman (1987).

ECKART KLESSMANN, geboren 1933 in Lemgo/Lippe, Studium der Kunstgeschichte und Archäologie, dann Ausbildung als Sortiments- und Verlagsbuchhändler in Stuttgart, von 1961–63 Lektor und Prokurist des Marion von Schröder Verlags Hamburg, zwischen 1964–70 Redakteur der »Welt der Literatur«, danach bis 1976 Redakteur der ZEIT, seit 1977 freier Schriftsteller in Hamburg.

Publikationen (u. a.): Einhornjagd. Gedichte (1963), Prinz Louis Ferdinand von Preußen. Biographie (1972), Undines Schatten. Gedichte (1974), Caroline. Biographie (1975), Die deutsche Romantik (1979), Telemann in Hamburg (1980), Botschaften für Viviane. Gedichte (1980), E. T. A. Hoffmann. Biographie (1988).

LEW KOPELEW, geboren 1912 in Kiew, ab 1933 Studium an der Philosophischen Fakultät der Universität Charkow, ab 1935 Studium am Moskauer Institut für Fremdsprachen, ab 1938 Doktorand, Assistent und zuletzt Dozent am Moskauer Institut für Geschichte, Philosophie und Literatur, Promotion 1941, 1945 wegen angeblich »bürgerlich-humanistischer Propaganda« fast zehn Jahre in Lagern und Gefängnissen gehalten, von 1955–57 freier Schriftsteller in Moskau, ab 1957–60 Dozent am Polygraphischen Institut, von 1960–68 wissenschaftlicher Mitarbeiter am Moskauer Institut für Kunstgeschichte, seitdem freier Schriftsteller, Ausbürgerung in die Bundesrepublik Deutschland während eines Studienaufenthaltes 1981. Friedenspreis des Deutschen Buchhandels 1981.

Publikationen (u. a.): Verwandt und verfremdet (1975), Aufbewahren für alle Zeit (1976), Und schuf mir einen Götzen (1979), Tröste meine Trauer (1981), Ein Dichter kam vom Rhein (1981), Kinder und Stiefkinder der Revolution (1984), Der heilige Doktor Fjodor Petrowitsch (1985), Im Willen zur Wahrheit (1985), Worte werden Brücken (1985).

GÜNTER KUNERT, geboren 1929 in Berlin, lebt seit 1979 in der Bundesrepublik Deutschland, Graphikstudium, Lyrik seit 1947, Mitarbeit an Zeitschriften wie »Eulenspiegel« und »Frischer Wind«, Arbeiten für Film, Fernsehen und Rundfunk. 1962 Heinrich-Mann-Preis der Akademie der Künste (Berlin-Ost), 1972 Visiting Associate Professor an der University of Texas in Austin, Texas, 1973 Johannes-R.-Becher-Preis für Lyrik, 1976 Mitglied der Akademie der Künste (Berlin-West), 1982 Mitglied der Akademie für Sprache und Dichtkunst, 1983 Stadtschreiber von Bergen-Enkheim, 1985 Heinrich-Heine-Preis der Stadt Düsseldorf.

Publikationen (u. a.): Wegschilder und Mauerinschriften (1950), Erinnerungen an einen Planeten (1963), Tagträume (1964), Der ungebetene Gast (1965), Verkündigung des Wetters (1966), Im Namen der Hüte (1967), Die Beerdigung findet in aller Stille statt (1968), Kramen in Fächern (1969), Warnung vor Spiegeln (1970), Tagträume in Berlin und andernorts (1972), Gast aus England (1973), Im weiteren Fortgang (1974), Warum schreiben (1976), Kinobesuch (1977), Unterwegs nach Utopia (1977), Die Schreie der Fledermäuse/Geschichten (1978), Camera obscura (1978), Ziellose Umtriebe (1979), Unruhiger Schlaf (1979), Drei Berliner Geschichten (1979), Abtötungsverfahren (1980), Verspätete Monologe (1981), Auf der Suche nach der wirklichen Freiheit (1983), Zurück ins Paradies (1984), Vor der Sintflut-Das Gedicht als Arche Noah (Frankfurter Vorlesungen) (1985).

VOLKER LADENTHIN, geboren 1953, wissenschaftlicher Assistent am Fachbereich Pädagogik der Universität Münster, außerdem Mitarbeit bei verschiedenen Zeitungen und Zeitschriften, zahlreiche Aufsätze zur antiken und mittelalterlichen Literatur, zur Geschichte des Kriminalromans und zur Literatur der Gegenwart.
Publikationen (u. a.): Erich Kästner, Gedichte (Hrsg.), Deutsche Criminalgeschichten (Hrsg.).

HERMANN LENZ, geboren 1913 in Stuttgart, Studium der Kunstgeschichte, Germanistik und Archäologie, nach dem Kriegsdienst zwanzig Jahre Sekretär der Süddeutschen Schriftstellerverbindung, Mitglied des P.E.N.-Zentrums 1964, der Deutschen Akademie für Sprache und Dichtung 1974 und der Bayerischen Akademie der Schönen Künste 1975, lebt als freier Schriftsteller in München. 1978 Georg-Büchner-Preis, 1981 Franz-Nabl-Preis und Wilhelm-Raabe-Preis, 1983 Gottfried-Keller-Preis, 1987 Petrarca-Preis.
Publikationen (u. a.): Das stille Haus. Erzählungen (1947), Das doppelte Gesicht. Drei Erzählungen (1949), Der russische Regenbogen. Roman (1959), Spiegelhütte. Drei Erzählungen (1962), Die Augen eines Dieners. Roman (1964), Verlassene

Zimmer. Roman (1966), Andere Tage. Roman (1968), Der Kutscher und der Wappenmaler. Roman (1972), Dame und Scharfrichter. Erzählungen (1973), Neue Zeit. Roman (1975), Tagebuch vom Überleben und Leben. Roman (1978), Die Begegnung. Roman (1979), Der innere Bezirk. Romantrilogie (1980), Zeitlebens. Gedichte 1934–1980 (1980), Erinnerungen an Eduard. Erzählungen (1981), Ein Fremdling. Roman (1983).

ADOLF MUSCHG, geboren 1934 in Zürich, Dr. phil., Studium der Germanistik und Anglistik, Promotion 1959, von 1962–64 Lektor an der Internationalen Christlichen Universität Tokio, danach bis 1967 Assistent an der Universität Göttingen, Lehrtätigkeit an der Cornell University, Ithaca von 1967–69, seit 1970 Beschäftigung an der Technischen Hochschule Zürich, verschiedene Hör- und Fernsehspiele. 1967 Georg-Mackensen-Literaturpreis, Ehrengaben der Stadt und des Kantons Zürich, 1974 Hermann-Hesse-Preis, 1984 Literaturpreis der Stadt Zürich.
Publikationen (u. a.): Im Sommer des Hasen. Roman (1965), Gegenzauber. Roman (1967), Mitgespielt. Roman (1970), Liebesgeschichten. Erzählungen (1972), Albissers Grund. Roman (1974), Entfernte Bekannte. Erzählungen (1976), Gottfried Keller. Essay (1977), Why Arizona (1977), Noch ein Wunsch. Erzählungen (1979), Goddy Haemels Abenteuerreise (1980), Baiyun. Roman (1980), Literatur als Therapie? Essay (1981), Das Licht und die Schüssel. Roman (1984).

HENRI NANNEN, geboren 1913 in Emden, Publizist, Studium der Kunstgeschichte in München, von 1946–49 Herausgeber und Chefredakteur der HANNOVERSCHEN NEUESTEN NACHRICHTEN (bis 1947) und der ABENDPOST (Hannover), Gründer der Zeitschrift STERN 1948, bis 1983 Chefredakteur bzw. Herausgeber (bis 1981) des STERN, lebt in Hamburg. 1971 ZDF-Verdienstmedaille, 1983 Gründung der Stiftung Henri Nannen in Emden.
Publikationen (u. a.): Glanz von Innen (1943), Kleines Musikbrevier (1943).

Simone Neteler, geboren 1966, Studentin der Publizistik, Germanistik und Psychologie an der Westfälischen Wilhelms-Universität Münster; redaktionelle Tätigkeiten und Mitarbeiterin des Kempowski-Archivs für unveröffentlichte Biographien.

Eugen Oker, geboren 1919, nach der Schule Ausbildung der Topographie und der Photogrammetrie, Hafnermeister, lebt als Schriftsteller in München. 1973 Astrid-Lindgren-Preis.
Publikationen (u. a.): Babba, sagt der Maxl (1973), So was schüins (1978), Lebensfäden (1979), Bayern wo's kaum einer kennt. Vier Bände (1982, 1983, 1985, 1986), Lebenspullover (1986).

Oskar Pastior, geboren 1927 in Hermannstadt/Siebenbürgen, Studium der Germanistik an der Universität Bukarest, danach von 1960–68 Rundfunkredakteur bei einem deutschsprachigen Inlandsender in Bukarest, Wechsel in die Bundesrepublik Deutschland 1968, seit 1969 freier Schriftsteller in Westberlin. 1969 Andreas-Gryphius-Förderpreis, 1976 Berliner Kunstpreis, 1978 Förderpreis des Kulturkreises im Bundesverband der deutschen Industrie, 1981 Villa Massimo, 1983 Preis des Literaturmagazins SWF, 1986 Ernst-Meister-Preis für Literatur der Stadt Hagen.
Publikationen (u. a.): Offene Worte (1964), Gedichte (1966), Vom Sichersten ins Tausendste (1969), Gedichte (1973), Höricht (1975), Fleischeslust (1976), An die Neue Aubergine (1976), Ein Tangopoem und andere Texte (1978), Der krimgotische Fächer (1978), Wechselbalg (1980).

Jo Pestum, geboren 1936 in Essen, Studium der Malerei, danach Tätigkeiten als Glasmaler, Layouter, Redakteur und Verlagslektor, seit 1971 freier Schriftsteller sowie Film-, Funk- und Fernsehautor und Herausgeber der Edition Pestum, lebt im Münsterland.
Publikationen (u. a.): Zeit der Träume. Jugendbuch (1978), Cowboys weinen nicht (1982), Kreidepfeile und Klopfzeichen. Lyrik (Hrsg.) (1982), Das Spiel der Schwäne. Jugendbuch (1983), Foßbeck. Roman (1984), Nur große Fische für den Joker (1985), Der Pirat auf dem Dach. Kinderbuch (1986), Die Zeit der Gazelle (1986), Der Kater kommt zurück (1987), Der Kater und der Mann aus Eisen (1988).

Will Quadflieg, geboren 1914 in Oberhausen/Rheinland, nach dem Abitur und einer privaten Schauspielausbildung Anstellung bei verschiedenen Bühnen, wie Gießen, Gera, Düsseldorf, Berlin, Lübeck, Hamburg und Zürich, auch Filmrollen, lebt als Schauspieler, Regisseur und Rezitator in Heilshorn/Bremen. 1984 Hamburger Medaille für Wissenschaft und Kunst.

Bekannte Rollen (u. a.): Hamlet, Tasso, Don Carlos, Clavigo, Romeo, Faust, Orest, Macbeth.

Filme (u. a.): Der Maulkorb, Kora Terry, Mein Leben für Irland, Das Herz der Königin, Schicksal, GPU, Der große Schatten, Die Zaubergeige, Die Lüge, Das ewige Spiel, Schwarze Augen, Vergiß die Liebe nicht, Lola Montez, San Salvatore, Faust.

Publikationen (u. a.): Wir spielen immer (1976).

Johannes Rau, geboren 1931 in Wuppertal, Dr. h. c., Ministerpräsident des Landes Nordrhein-Westfalen, MdL, stellvertretender Bundesvorsitzender der SPD, nach einer Verlagsbuchhändlerlehre von 1954–67 Leiter eines Verlages der evangelischen Jugend, seit 1958 Mitglied des Landtages von Nordrhein-Westfalen, ab 1978 Ministerpräsident.

Publikationen (u. a.): Oberstufenreform und Gesamthochschule (Mithrsg.) (1970), Die neue Fernuniversität (1974), Lebensqualität? (1974).

Karl Riha, geboren 1935 in Krummau/Moldau, Dr. phil., Professor für Sprach- und Literaturwissenschaften an der Universität-Gesamthochschule Siegen, ab 1965 wissenschaftlicher Assistent an der Universität Frankfurt, dann von 1969 an Beschäftigung an der Technischen Universität Berlin, seit 1975 Professor an der Universität-Gesamthochschule Siegen, ab 1987 Direktor des Literarischen Colloquiums Berlin.

Publikationen (u. a.): Moritat, Song, Bänkelsang (1965), Die Beschreibung der großen Stadt (1969), Cross-reading und Cross-talking. Zitat-Collagen (1970), Da Dada da war ist Dada da (1980), Nicht alle Fische sind Vögel (1981), In diesem/diesem Moment (1984), Politische Ästhetik und Öffentlichkeit (1987), Karl Valentin, Ich hätt' geküßt die Spur von deinem Tritt. Musikclownerien (Hrsg.) (1988).

HERBERT ROSENDORFER, geboren 1934 in Bozen, Studium an der Kunstakademie in München, anschließend Wechsel zum Jurastudium, lebt seit 1967 als Amtsgerichtsrat in München.
Publikationen (u. a.): Stephanie und das vorherige Leben (1977), Das Messingherz (1979), Ball bei Thod (1980), Der Ruinenbaumeister (1980), Ballmanns Leiden oder Lehrbuch für Konkursrecht (1981), Vorstadt-Miniaturen (1982), Die Frau seines Lebens und elf andere Erzählungen (1985), Herkulesbad. Eine österreichische Geschichte (1985).

WERNER ROSS, geboren 1912 in Uerdingen, Dr. phil. Honorarprofessor für vergleichende Literaturwissenschaft und -kritik an der Universität München, Studium der Romanistik, Germanistik und Philologie, von 1964–72 Generalsekretär des Goethe-Instituts zur Pflege der deutschen Sprache und Kultur im Ausland e. V., Mitarbeiter bei der SÜDDEUTSCHEN ZEITUNG, der FRANKFURTER ALLGEMEINEN ZEITUNG und dem RHEINISCHEN MERKUR, sowie bei verschiedenen Rundfunksendern, lebt als freier Schriftsteller in München.
Publikationen (u. a.): Deutsch in der Konkurrenz der Weltsprache (1969), Der Rhein (1970), Imago Germaniae (1974), Imago Europae (1976), Deutschland – typisch deutsch? (1976), Der ängstliche Adler (Nietzsche – Biographie) (1980), Im Haus der Sprache (Hrsg.) (1983), Mit der linken Hand geschrieben (1984), Briefe an einen jungen Ungläubigen (1984), Tod der Erotik (1986), Die Feder führend. Gesammelte Schriften aus fünf Jahrzehnten (1987).

KLAUS STILLER, geboren 1941 in Augsburg, Studium der Germanistik und Romanistik, bis 1980 freier Schriftsteller, seit 1981 Rundfunkredakteur in Berlin. 1977 Hermann-Hesse-Förderpreis.
Publikationen (u. a.): Die Absperrung (1966), »H.« (1970), Tagebuch eines Weihbischofs (1972), Die Faschisten (1976), Traumberufe (1977), Weihnachten (1980), Italienische Erzählungen des 20. Jahrhunderts (Hrsg.) (1982), Das heilige Jahr (1986).

Harald Weinrich, geboren 1927 in Wismar/Mecklenburg, Dr. phil., Professor für Deutsch als Fremdsprache, von 1957–59 Privatdozent an der Universität Münster, seit 1959 Ordinarius an den Universitäten Kiel, Köln (1965), Bielefeld (1969), München (1978). Mitglied der Deutschen Akademie für Sprache und Dichtung, der Rheinisch-Westfälischen Akademie der Wissenschaften, der Accademia della Crusca und der Bayerischen Akademie der Schönen Künste. 1977 Sigmund-Freud-Preis für wissenschaftliche Prosa, 1985 Konrad-Duden-Preis.

Publikationen (u. a.): Das Ingenium Don Quijotes (1956), Phonologische Studien zur romanischen Sprachgeschichte (1958), Tempus – Besprochene und erzählte Welt (1964), Linguistik der Lüge (1966), Literatur für Leser (1972), Sprache in Texten (1976), Textgrammatik der französischen Sprache (1982), Wege der Sprachkultur (1985), Eine nicht nur deutsche Literatur (Hrsg.) (1986).

Carl-Friedrich von Weizsäcker, geboren 1912 in Kiel, Dr. phil., Professor, nach seiner Habilitation 1936 in Leipzig langjährige Tätigkeit an verschiedenen Universitäten, lebt als Physiker und Philosoph in Söcking/Obb. 1956 Frankfurter Goethe-Preis, 1957 Max-Planck-Medaille, 1963 Friedenspreis des Deutschen Buchhandels, 1965 Arnold-Reymond-Preis für Physik und Wilhelm-Bölsche-Medaille in Gold, 1977 Ehrendoktorwürde der Katholischen Fakultät der Universität Tübingen, 1983 Heinrich-Heine-Preis der Stadt Düsseldorf u. a.

Publikationen (u. a.): Die Atomkerne (1937), Die Geschichte der Natur (1962[5]), Zum Weltbild der Physik (1963[10]), Die Verantwortung der Wissenschaft im Atomzeitalter (1963[4]), Bedingungen des Friedens (1963), Gedanken über unsere Zukunft (1968), Der ungesicherte Friede (1969), Die Einheit der Natur (1970), Kriegsfolgen und -verhütung (1971), Fragen zur Weltpolitik (1975), Wege in der Gefahr (1976), Der Garten des Menschlichen (1977), Deutlichkeit (1978), Der bedrohte Friede (1981), Wahrnehmung der Neuzeit (1983), Aufbau der Physik (1985), Die Zeit drängt (1986).

Dieter Wellershoff, geboren 1925 in Neuss/Rheinland, Dr. phil., nach dem Studium der Germanistik, Philosophie und Kunstgeschichte in Bonn von 1959–81 Lektor bei dem Verlag Kiepenheuer & Witsch, Mitglied der Akademie der Wissenschaften und der Literatur Mainz, lebt als freier Schriftsteller und Redakteur in Köln. 1961 Hörspielpreis der Kriegsblinden, 1970 Kritikerpreis.

Publikationen (u. a.): Gottfried Benn, Phänotyp dieser Stunde (1958), Der Gleichgültige (1963), Ein schöner Tag (1966), Literatur und Veränderung (1969), Die Schattengrenze (1969), Einladung an alle (1972), Literatur und Lustprinzip (1973), Doppelt belichtetes Seestück (1974), Die Schönheit des Schimpansen (1977), Die Sirene (1980), Der Sieger nimmt alles (1983), Die Arbeit des Lebens (1985), Die Körper und die Träume (1986).